C000180283

ÉCRITS SUR L'HÉSYCHASME

« *Spiritualités vivantes* »

JEAN-YVES LELOUP

ÉCRITS SUR L'HÉSYCHASME

Une tradition contemplative oubliée

Albin Michel

Albin Michel
■ *Spiritualités* ■

Collections dirigées
par Jean Mouttapa et Marc de Smedt

© Éditions Albin Michel S.A., 1990
22, rue Huyghens, 75014 Paris

www.albin-michel.fr

ISBN : 2-226-04922-3
ISSN : 0755-1835

Au père Séraphin de l'Athos

INTRODUCTION

Kapsokalivià, Mont Athos, 24 juin 1969.

Soleil lourd. Il doit être midi. Le chemin n'en finit pas de monter... malgré la faim et la fatigue je continue, d'ailleurs où pourrais-je m'asseoir? d'un côté une falaise brûlante, de l'autre le précipice. Kapsokalivià est un des lieux les plus abrupts et arides du Mont Athos. On m'avait dit : « Par là tu devrais rencontrer des ermites, la plupart sont fous, crasseux ou abrutis, mais ça vaut la peine. » A cela je répondais que je n'étais pas venu au Mont Athos comme dans un zoo pour contempler les derniers spécimens d'une race en voie de disparition... je me demandais néanmoins à cette heure ce que je faisais là, sur ce chemin caillouteux qui ne semblait mener nulle part... Simple curiosité? Désir de voir Dieu bien incarné dans la chair de l'homme plus que dans le papier des livres?... J'aperçus alors une sorte de cabane avec une petite terrasse, un moine se tenait là, debout, un chapelet de laine noué à la main... Comme je m'approchais, je m'attendais à un mouvement de recul ou au moins de surprise... Mais non, le moine se contenta de sourire, très simplement il mit un doigt devant sa bouche me faisant ainsi comprendre qu'il fallait rester silencieux. Son regard était

étrange. Je n'arrivais pas à discerner la couleur de
ses yeux, des yeux sans fond... Comme je commençais à ressentir un léger vertige au cœur, il me fit
signe de m'asseoir. Alors, s'engageant d'un pas
rapide sur le chemin, il me laissa seul face à la mer,
face à mes pensées, plutôt perplexe.

Après une heure et demie, énervé d'attente et
d'inquiétude, je le vis revenir. Il tenait à la main une
boîte de conserve avec de l'eau... je compris alors
qu'il venait de marcher pendant tout ce temps sous
un soleil brûlant et tout cela pour étancher un peu
ma soif !

Lorsqu'il me tendit la boîte de conserve rouillée, je
vis davantage ses yeux — deux étranges abîmes
d'eau et de lumière. Amour n'est pas le mot et
pourtant je n'en trouve pas d'autre.

Je commençai à boire et je crus un moment que je
n'aurais plus jamais soif.

Le plus petit acte de pur amour est paraît-il plus
grand que la plus grande des cathédrales... Ce jour-
là j'entrais donc dans le christianisme par la grande
porte : une boîte de conserve rouillée, l'infini d'un
geste quotidien...

Depuis des années, cet inconnu toujours silencieux ne cesse de me sourire : il y a cette écharde
d'eau et de lumière dans la chair brûlée de mon
histoire.

I

LA MÉTHODE D'ORAISON HÉSYCHASTE SELON L'ENSEIGNEMENT DU PÈRE SÉRAPHIN

Lorsque M. X..., jeune philosophe français, arriva au Mont Athos, il avait déjà lu un certain nombre de livres sur la spiritualité orthodoxe, particulièrement la *Petite Philocalie de la prière du cœur* et les *Récits du Pèlerin russe*. Il avait été séduit sans être vraiment convaincu. Une liturgie, rue Daru à Paris, lui avait inspiré le désir de passer quelques jours au Mont Athos, à l'occasion de vacances en Grèce, pour en savoir un peu plus sur la prière et la méthode d'oraison des hésychastes, ces silencieux en quête d' « hésychia », c'est-à-dire de paix intérieure.

Raconter dans le détail comment il en vint à rencontrer le père Séraphin, qui vivait dans un ermitage proche de Saint-Panteleimon (le Roussikon comme l'appellent les Grecs), serait trop long. Disons seulement que le jeune philosophe était un peu las. Il ne trouvait pas les moines « à la hauteur » de ses livres. Disons aussi que s'il avait lu plusieurs livres sur la méditation et la prière, il n'avait pas encore vraiment prié ni pratiqué une forme de méditation particulière; et ce qu'il demandait au fond, ce n'était pas un discours de plus sur la prière ou la méditation, mais une « initiation » qui lui permettrait de les vivre et de les connaître du dedans, par expérience et non par « ouï-dire ».

Le père Séraphin avait une réputation ambiguë auprès des moines de son entourage. Certains l'accusaient de léviter, d'autres d'aboyer, certains le considéraient comme un paysan ignare, d'autres comme un véritable staretz inspiré du Saint-Esprit et capable de donner de profonds conseils ainsi que de lire dans les cœurs.

Lorsqu'on arrivait à la porte de son ermitage, le père Séraphin avait l'habitude de vous observer de la façon la plus indécente : de la tête aux pieds pendant cinq longues minutes, sans vous adresser le moindre mot. Ceux que ce genre d'examen ne faisait pas fuir pouvaient alors entendre le diagnostic cinglant du moine : « Vous, Il n'est pas descendu en dessous du menton. » « Vous, n'en parlons pas. Il n'est même pas entré. » « Vous, ce n'est pas possible, quelle merveille. Il est descendu jusqu'à vos genoux. »

C'est du Saint-Esprit bien sûr qu'il parlait et de sa descente plus ou moins profonde dans l'homme. Quelquefois dans la tête mais pas toujours dans le cœur ou dans les entrailles... Il jugeait ainsi la sainteté de quelqu'un d'après son degré d'incarnation de l'Esprit. L'homme parfait, l'homme transfiguré, pour lui c'était celui qui était habité tout entier par la Présence de l'Esprit-Saint de la tête aux pieds. « Cela je ne l'ai vu qu'une fois chez le staretz Silouane. Lui, disait-il, c'était vraiment un homme de Dieu, plein d'humilité et de majesté. »

Le jeune philosophe n'en était pas encore là, le Saint-Esprit s'était arrêté ou plutôt n'avait trouvé de passage en lui que « jusqu'au menton ». Lorsqu'il demanda au père Séraphin de lui parler de la prière du cœur et de l'oraison pure selon Evagre le Pontique, le père Séraphin commença à aboyer.

Cela ne découragea pas le jeune homme. Il insista...
Alors le père Séraphin lui dit : « Avant de parler de
prière du cœur, apprends d'abord à méditer comme
une montagne... » et il lui montra un énorme rocher.
« Demande-lui comment il fait pour prier. Puis
reviens me voir. »

Méditer comme une montagne

Ainsi commençait pour le jeune philosophe une
véritable initiation à la méthode d'oraison hésychaste. La première indication qui lui était donnée
concernait la stabilité. L'enracinement d'une bonne
assise.

En effet, le premier conseil que l'on peut donner à
celui qui veut méditer n'est pas d'ordre spirituel
mais physique : assieds-toi.

S'asseoir comme une montagne, cela veut dire
aussi prendre du poids : être lourd de présence. Les
premiers jours, le jeune homme avait beaucoup de
mal à rester ainsi immobile, les jambes croisées, le
bassin légèrement plus haut que les genoux (c'est
dans cette posture qu'il avait trouvé le plus de
stabilité). Un matin il sentit réellement ce que
voulait dire « méditer comme une montagne ». Il
était là de tout son poids, immobile. Il ne faisait
qu'un avec elle, silencieux sous le soleil. Sa notion du
temps avait complètement changé. Les montagnes
ont un autre temps, un autre rythme. Etre assis
comme une montagne, c'est avoir l'éternité devant
soi, c'est l'attitude juste pour celui qui veut entrer
dans la méditation : savoir qu'il a l'éternité derrière,
dedans et devant lui. Avant de bâtir une église il
fallait être pierre, et sur cette pierre (cette solidité
imperturbable du roc) Dieu pouvait bien bâtir son

église et faire du corps de l'homme son temple. C'est ainsi qu'il comprenait le sens de la parole évangélique : « Tu es pierre et sur cette pierre je bâtirai mon église. »

Il resta ainsi plusieurs semaines. Le plus dur était pour lui de passer ainsi des heures « à ne rien faire ». Il fallait réapprendre à être, à être tout simplement — sans but ni motif. Méditer comme une montagne, c'était la méditation même de l'Etre, « du simple fait d'Etre », avant toute pensée, tout plaisir et toute douleur.

Le père Séraphin lui rendait visite chaque jour, partageant avec lui ses tomates et quelques olives. Malgré ce régime des plus frugal, le jeune homme semblait avoir pris du poids. Sa démarche était plus tranquille. La montagne semblait lui être entrée dans la peau. Il savait prendre du temps, accueillir les saisons, se tenir silencieux et tranquille comme une terre parfois dure et aride, mais aussi parfois comme un flanc de colline qui attend sa moisson.

Méditer comme une montagne avait également modifié le rythme de ses pensées. Il avait appris à « voir » sans juger, comme s'il donnait à tout ce qui pousse sur la montagne « le droit d'exister ».

Un jour, des pèlerins le prenant pour un moine, impressionnés par sa qualité de présence, lui demandèrent une bénédiction. Il ne répondit rien, imperturbable comme la pierre. Ayant appris cela, le soir même le père Séraphin commença à le rouer de coups... Le jeune homme se mit alors à gémir.

« Ah bon, je te croyais devenu aussi stupide que les cailloux du chemin... La méditation hésychaste a l'enracinement, la stabilité des montagnes, mais son but n'est pas de faire de toi une souche morte mais un homme vivant. »

Il prit le jeune homme par le bras et le conduisit

dans le fond du jardin où parmi les herbes sauvages on pouvait voir quelques fleurs.

« Maintenant, il ne s'agit plus de méditer comme une montagne stérile. Apprends à méditer comme un coquelicot, mais n'oublie pas pour autant la montagne... »

Méditer comme un coquelicot

C'est ainsi que le jeune homme apprit à fleurir...

La méditation, c'est d'abord une assise et c'était ce que lui avait enseigné la montagne. La méditation, c'est aussi une « orientation » et c'est ce que lui enseignait maintenant le coquelicot : se tourner vers le soleil, se tourner du plus profond de soi-même vers la lumière. En faire l'aspiration de tout son sang, de toute sa sève.

Cette orientation vers le beau, vers la lumière le faisait quelquefois rougir comme un coquelicot. Comme si « la belle lumière » était celle d'un regard qui lui souriait et attendait de lui quelque parfum... Il apprit également auprès du coquelicot que pour bien demeurer dans son orientation, la fleur devait avoir « la tige droite » et il commença à redresser sa colonne vertébrale.

Cela lui posait quelques difficultés, parce qu'il avait lu dans certains textes de la philocalie que le moine devait être légèrement courbé. Quelquefois même avec douleur. Le regard tourné vers le cœur et les entrailles.

Il demanda quelques explications au père Séraphin. Les yeux du staretz le regardèrent avec malice : « Ça, c'était pour les costauds d'autrefois. Ils étaient pleins d'énergie, et il fallait un peu les rappeler à l'humilité de leur condition humaine, qu'ils se courbent un peu le temps de la méditation, cela ne leur faisait pas de mal... Mais toi, tu as plutôt besoin d'énergie, alors au moment de la méditation redresse-toi, sois vigilant, tiens-toi droit vers la lumière, mais sois sans orgueil... d'ailleurs si tu observes bien le coquelicot, il t'enseignera non seulement la droiture de la tige, mais aussi une certaine souplesse sous les inspirations du vent et puis aussi une grande humilité... »

En effet, l'enseignement du coquelicot était aussi dans sa fugacité, sa fragilité. Il fallait apprendre à fleurir, mais aussi à faner. Le jeune homme comprenait mieux les paroles du prophète :

« Toute chair est comme l'herbe et sa délicatesse est celle de la fleur des champs. L'herbe sèche, la fleur se fane... Les nations sont comme une goutte de rosée au bord d'un seau... Les Juges de la terre à peine sont-ils plantés, à peine leur tige a-t-elle pris racine en terre... alors ils se dessèchent et la tempête les emporte comme un fétu » (Isaïe 40).

La montagne lui avait donné le sens de l'Eternité, le coquelicot lui enseignait la fragilité du temps : méditer c'est connaître l'Eternel dans la fugacité de l'instant, un instant droit, bien orienté. C'est fleurir le temps qu'il nous est donné de fleurir, aimer le temps qu'il nous est donné d'aimer, gratuitement, sans pourquoi, car pour qui ? Pour quoi fleurissent-ils, les coquelicots ?

Il apprenait ainsi à méditer « sans but ni profit », pour le plaisir d'être, et d'aimer la lumière. « L'amour est à lui-même sa propre récompense », disait saint Bernard. « La rose fleurit parce qu'elle fleurit, sans pourquoi », disait encore Angelus Silesius. « C'est la montagne qui fleurit dans le coquelicot, pensait le jeune homme. C'est tout l'univers qui médite en moi. Puisse-t-il rougir de joie l'instant que dure ma vie. » Cette pensée était sans doute de trop. Le père Séraphin commença à secouer notre philosophe et de nouveau le prit par le bras.

Il l'entraîna par un chemin abrupt jusqu'au bord de la mer, dans une petite crique déserte. « Arrête de ruminer comme une vache le bon sens des coquelicots... Aie aussi le cœur marin. Apprends à méditer comme l'océan. »

Méditer comme l'océan

Le jeune homme s'approcha de la mer. Il avait acquis une bonne assise et une orientation droite. Il était en bonne posture. Que lui manquait-il ? Que pouvait lui enseigner le clapotis des vagues ? Le vent se leva. Le flux et le reflux de la mer se firent plus profonds et cela réveilla en lui le souvenir de l'océan. Le vieux moine lui avait bien conseillé en effet de méditer « comme l'océan » et non comme la mer. Comment avait-il deviné que le jeune homme avait passé de longues heures au bord de l'Atlantique, la nuit surtout, et qu'il connaissait déjà l'art d'accorder son souffle à la grande respiration des vagues ! J'inspire, j'expire... puis : je suis inspiré, je suis expiré. Je me laisse porter par le souffle, comme on se laisse porter par les vagues... Ainsi faisait-il la planche, emporté par le rythme des respirations océanes. Cela l'avait conduit parfois au bord d'évanouissements étranges. Mais la goutte d'eau qui autrefois « s'évanouissait dans la mer » gardait aujourd'hui sa forme, sa conscience. Etait-ce l'effet de sa posture ? de son enracinement dans la terre ? Il n'était plus emporté par le rythme approfondi de sa respiration. La goutte d'eau gardait son identité et pourtant elle savait « être un » avec l'océan. C'est ainsi que le jeune homme apprit que méditer c'est respirer profondément, laisser être le flux et le reflux du souffle.

Il apprit également que s'il y avait des vagues en surface, le fond de l'océan demeurait tranquille. Les pensées vont et viennent, nous écument, mais le fond de l'être reste immobile. Méditer à partir des vagues que nous sommes pour perdre pied et prendre racine dans le fond de l'océan. Tout cela devenait chaque jour un peu plus vivant en lui, et il se rappelait les paroles d'un poète qui l'avaient marqué au temps de son adolescence : « L'Existence est une mer sans cesse pleine de vagues. De cette mer les gens ordinaires ne perçoivent que les vagues. Vois comme des profondeurs de la mer d'innombrables vagues apparaissent à la surface, tandis que la mer reste cachée dans les vagues. » Aujourd'hui la mer lui semblait moins « cachée dans les vagues », l'unicité de toutes choses lui semblait plus évidente, et cela n'abolissait pas le multiple. Il avait moins besoin d'opposer le fond et la forme, le visible et l'invisible. Tout cela constituait l'océan unique de la vie.

Dans le fond de son souffle n'y avait-il pas la Ruah ? le pneuma ? le grand souffle de Dieu ?

« Celui qui écoute attentivement sa respiration, lui dit alors le vieux moine Séraphin, n'est pas loin de Dieu.

« Ecoute qui est là à la fin de ton expir. Qui est là à la source de ton inspir. » Il y avait là en effet quelques secondes de silence plus profondes que le flux et le reflux des vagues, il y avait là quelque chose qui semblait porter l'océan...

Méditer comme un oiseau

« Etre dans une bonne assise, être orienté droit dans la lumière, respirer comme un océan, ce n'est pas encore la méditation hésychaste, lui dit le père Séraphin, tu dois apprendre maintenant à méditer comme un oiseau », et il le mena dans une petite cellule proche de son ermitage où vivaient deux tourterelles. Le roucoulement de ces deux petites bêtes lui parut d'abord charmant mais ne tarda pas à énerver le jeune philosophe. Elles choisissaient en effet le moment où il tombait de sommeil pour se roucouler les mots les plus tendres. Il demanda au vieux moine ce que signifiait tout cela et si cette comédie allait durer encore longtemps. La montagne, l'océan, le coquelicot passe encore (quoiqu'on puisse se demander ce qu'il y a de chrétien dans tout cela), mais maintenant lui proposer cette volaille languissante comme maître de méditation, c'en était trop !

Le père Séraphin lui expliqua que dans le premier testament la méditation est exprimée par des termes de la racine « haga » rendus le plus souvent en grec par *mélété* — *meletan* — et en latin par *meditari* — *meditatio*. La racine en son sens primitif signifie « murmurer à mi-voix ». Elle est également employée pour désigner des cris d'animaux, par exemple le rugissement du lion (Isaïe 31, 4), le pépiement de l'hirondelle et le chant de la colombe (Isaïe 38, 14), mais aussi le grognement de l'ours.

« Au Mont Athos on manque d'ours. C'est pour cela que je t'ai conduit auprès de la tourterelle, mais l'enseignement est le même. Il faut méditer avec ta gorge, non seulement pour accueillir le souffle, mais aussi pour murmurer le nom de Dieu jour et nuit...

« Quand tu es heureux, presque sans t'en rendre compte tu chantonnes, tu murmures quelquefois des mots sans signification, et ce murmure fait vibrer tout ton corps de joie simple et sereine.

« Méditer c'est murmurer comme la tourterelle, laisser monter en soi ce chant qui vient du cœur, comme tu as appris à laisser monter en toi le parfum qui vient de la fleur... méditer, c'est respirer en chantant.

« Sans trop t'attarder à sa signification pour le moment, je te propose de répéter, de murmurer, de chantonner ce qui est dans le cœur de tous les moines de l'Athos. " Kyrie eleison, kyrie eleison... " » Cela ne plaisait pas trop au jeune philosophe. Lors de certaines messes de mariage ou d'enterrement il avait déjà entendu cela, on traduisait en français par « Seigneur prends pitié ».

Le moine Séraphin se mit à sourire : « Oui, c'est une des significations de cette invocation, mais il y en a bien d'autres. Cela veut dire aussi " Seigneur, envoie ton Esprit... ! Que ta tendresse soit sur moi et sur tous, que ton Nom soit béni ", etc., mais ne cherche pas trop à te saisir du sens de cette invocation, elle se révélera d'elle-même à toi. Pour le moment sois sensible et attentif à la vibration qu'elle éveille dans ton corps et dans ton cœur. Essaie de l'harmoniser paisiblement avec le rythme de ta respiration. Quand des pensées te tourmentent, reviens doucement à cette invocation, respire plus profondément, tiens-toi droit et immobile et tu connaîtras un commencement d'hésychia, la paix que Dieu donne sans compter à ceux qui l'aiment. » Le « Kyrie eleison » lui devint au bout de quelques jours un peu plus familier. Il l'accompagnait comme le bourdonnement accompagne l'abeille lorsqu'elle fait son miel. Il ne le répétait pas toujours avec les

lèvres. Le bourdonnement devenait alors plus intérieur et sa vibration plus profonde.

Le « Kyrie eleison » dont il avait renoncé à
« penser » le sens le conduisait parfois dans un
silence inconnu et il se retrouvait dans l'attitude de
l'apôtre Thomas lorsque celui-ci découvrit le Christ
ressuscité, « Kyrie eleison » — « mon Seigneur et
mon Dieu ».

L'invocation le plongeait peu à peu dans un
climat d'intense respect pour tout ce qui existe. Mais
aussi d'adoration pour ce qui se tient caché à la
racine de toutes les existences. Le père Séraphin lui
dit alors : « Maintenant tu n'es pas loin de méditer
comme un homme. Je dois t'enseigner la méditation
d'Abraham. »

Méditer comme Abraham

Jusqu'ici l'enseignement du staretz était d'ordre
naturel et thérapeutique. Les anciens moines, selon
le témoignage de Philon d'Alexandrie, étaient en
effet des « thérapeutes ». Leur rôle avant de
conduire à l'illumination était de guérir la nature, de
la mettre dans les meilleures conditions pour qu'elle
puisse recevoir la grâce, la grâce ne contredisant pas
la nature mais la restaurant et l'accomplissant. C'est
ce que faisait le vieillard avec le jeune philosophe en
lui enseignant une méthode de méditation que
certains pourraient considérer comme « purement
naturelle ». La montagne, le coquelicot, l'océan,
l'oiseau, autant d'éléments de la nature qui rappellent à l'homme qu'il doit, avant d'aller plus loin,
récapituler les différents niveaux de l'être, ou encore
les différents règnes qui composent le macrocosme.
Le règne minéral, le règne végétal, le règne animal...

Souvent l'homme a perdu le contact avec le cosmos, avec le rocher, avec les animaux et cela n'est pas sans provoquer en lui toutes sortes de malaises, de maladies, d'insécurité, d'anxiété. Il se sent « de trop », étranger au monde. Méditer c'était d'abord entrer dans la méditation et la louange de l'univers car « toutes ces choses savent prier avant nous », disent les pères. L'homme est le lieu où la prière du monde prend conscience d'elle-même. L'homme est là pour nommer ce que balbutient toutes créatures... Avec la méditation d'Abraham, nous entrons dans une nouvelle et plus haute conscience qu'on appelle la foi, c'est-à-dire l'adhésion de l'intelligence et du cœur à ce « Tu » ou à ce « Toi » qui Est, qui transparaît dans le tutoiement multiple de tous les êtres. Telles sont l'expérience et la méditation d'Abraham : derrière le frémissement des étoiles il y a plus que les étoiles, une présence difficile à nommer, que rien ne peut nommer et qui a pourtant tous les noms...

C'est quelque chose de plus que l'univers et qui pourtant ne peut pas être saisi en dehors de l'univers. La différence qu'il y a entre Dieu et la Nature, c'est la différence qu'il y a entre le bleu du ciel et le bleu d'un regard... Abraham au-delà de tous les bleus était en quête de ce regard...

Après avoir appris l'assise, l'enracinement, l'orientation positive vers la lumière, la respiration paisible des océans, le chant intérieur, le jeune homme était ainsi invité à un éveil du cœur. « Voici tout à coup que vous êtes quelqu'un. » Le propre du cœur c'est, en effet, de personnaliser toute chose et, dans ce cas, de personnaliser l'Absolu, la Source de tout ce qui vit et respire, la nommer, l'appeler « Mon Dieu, Mon Créateur » et marcher en sa Présence. Méditer pour Abraham c'est entretenir

sous les apparences les plus variées le contact avec
cette Présence. Cette forme de méditation entre dans
les détails concrets de la vie quotidienne. L'épisode
du chêne de Mambré nous montre Abraham « assis
à l'entrée de la tente, au plus chaud du jour », et là,
il va accueillir trois étrangers qui vont se révéler être
des envoyés de Dieu. Méditer comme Abraham,
disait le père Séraphin, « c'est pratiquer l'hospitalité, le verre d'eau que tu donnes à celui qui a soif, ne
t'éloigne pas du silence, il te rapproche de la
source ». « Méditer comme Abraham, tu le com-
prends, n'éveille pas seulement en toi de la paix et de
la lumière, mais aussi de l'Amour pour tous les
hommes. » Et le père Séraphin lut au jeune homme
le fameux passage du livre de la Genèse où il est
question de l'intercession d'Abraham. Abraham se
tenait devant « YHWH celui qui est — qui était —
qui sera ». Il s'approcha et dit : « Vas-tu vraiment
supprimer le juste avec le pécheur ? Peut-être y a-t-il
cinquante justes dans la ville, vas-tu vraiment les
supprimer et ne pardonneras-tu pas à la cité pour les
cinquante justes qui sont dans son sein ?... »

Abraham, petit à petit, dut réduire le nombre des
justes pour que ne soit pas détruite Sodome.

« Que mon Seigneur ne s'irrite pas et je parlerai
une dernière fois : peut-être s'en trouvera-t-il
dix ?... » (Genèse 18, 16). Méditer comme Abraham
c'est intercéder pour la vie des hommes, ne rien
ignorer de leur pourriture et pourtant « ne jamais
désespérer de la miséricorde de Dieu ».

Ce genre de méditation délivre le cœur de tout
jugement et de toute condamnation, en tout temps et
en tout lieu ; quelles que soient les horreurs qui lui
soient données de contempler il appelle le pardon et
la bénédiction.

Méditer comme Abraham, cela conduit encore

plus loin. Le mot avait du mal à sortir de la gorge du
père Séraphin, comme s'il avait voulu épargner au
jeune homme une expérience par laquelle il avait dû
lui-même passer et qui réveillait dans sa mémoire un
subtil tremblement : « Cela peut aller jusqu'au
Sacrifice... » et il lui cita le passage de la Genèse où
Abraham se montre prêt à sacrifier son propre fils
Isaac. « " Tout est à Dieu, continua en murmurant
le père Séraphin. Tout est de lui, par lui et pour
lui " ; méditer comme Abraham te conduit à cette
totale dépossession de toi-même et de ce que tu as de
plus cher... cherche ce à quoi tu tiens le plus, ce avec
quoi tu identifies ton " moi "... pour Abraham
c'était son fils unique, si tu es capable de ce don, de
cet abandon total, de cette infinie confiance en celui
qui transcende toute raison et tout bon sens, tout te
sera rendu au centuple : " Dieu pourvoira. " Méditer comme Abraham c'est n'avoir dans le cœur et la
conscience " rien d'autre que Lui ". Quand il monta
au sommet de la montagne, Abraham ne pensait
qu'à son fils. Quand il redescendit il ne pensait qu'à
Dieu.

« Passer par le sommet du sacrifice, c'est découvrir que rien n'appartient au " moi ". Tout appartient à Dieu. C'est la mort de l'ego et la découverte
du " Soi ". Méditer comme Abraham c'est adhérer
par la foi à celui qui transcende l'Univers, c'est
pratiquer l'hospitalité, intercéder pour le salut de
tous les hommes. C'est s'oublier soi-même et rompre
ses attaches les plus légitimes pour se découvrir soi-
même, nos proches et tout l'Univers, habité de
l'infinie présence de " Celui-là seul qui Est ". »

Méditer comme Jésus

Le père Séraphin se montrait de plus en plus discret. Il sentait les progrès que faisait le jeune homme dans sa méditation et sa prière. Plusieurs fois il l'avait surpris, le visage baigné de larmes, méditant comme Abraham et intercédant pour les hommes. « Mon Dieu, ma miséricorde, que vont devenir les pécheurs... ? » C'est le jeune homme qui un jour vint vers lui et lui demanda : « Père, pourquoi ne me parlez-vous jamais de Jésus ? Quelle était sa prière à lui, sa forme de méditation ? Dans la liturgie, dans les sermons on ne parle que de lui. Dans la prière du cœur, telle qu'on en parle dans la philocalie, c'est bien son nom qu'il faut invoquer. Pourquoi ne me dites-vous rien ? »

Le père Séraphin eut l'air troublé. Comme si le jeune homme lui demandait quelque chose d'indécent, comme s'il lui fallait révéler son propre secret. Plus grande est la révélation que l'on a reçue, plus grande doit être l'humilité pour la transmettre. Sans doute ne se sentait-il pas assez humble : « " Cela, ce n'est que l'Esprit-Saint qui peut te l'enseigner. Nul ne sait qui est le fils, si ce n'est le père, ou qui est le père, si ce n'est le fils et celui à qui le fils veut bien le révéler " (Luc 10, 22). Il faut que tu deviennes fils pour prier comme le fils et entretenir avec Celui qu'il appelle son père et notre Père les mêmes relations d'intimité que lui, et cela c'est l'œuvre de l'Esprit-Saint, il te rappellera tout ce que Jésus a dit. L'Evangile deviendra vivant en toi et il t'apprendra à prier comme il faut. »

Le jeune homme insista. « Dites-moi encore quelque chose. » Le vieillard lui sourit. « Maintenant, dit-il, je ferais mieux d'aboyer. Mais tu prendrais encore cela pour un signe de sainteté. Mieux vaut te dire les choses simplement.

« Méditer comme Jésus, cela récapitule toutes les formes de méditation que je t'ai transmises jusqu'à maintenant. Jésus est l'homme cosmique. Il savait méditer comme la montagne, comme le coquelicot, comme l'océan, comme la colombe. Il savait méditer aussi comme Abraham. Le cœur sans limites, aimant jusqu'à ses ennemis, ses bourreaux : " Père pardonne-leur, ils ne savent pas ce qu'ils font. " Pratiquant l'hospitalité à l'égard de ceux qu'on appelait les malades et les pécheurs, des paralysés, des prostituées, des collabos... La nuit il se retirait pour prier dans le secret et là, il murmurait comme un enfant " abba ", ce qui veut dire " papa "... Cela peut te sembler tellement dérisoire, appeler " papa " le Dieu transcendant, infini, innommable, au-delà de tout ! C'est presque ridicule et pourtant c'était la prière de Jésus, et dans ce simple mot tout était dit. Le ciel et la terre devenaient terriblement proches. Dieu et l'homme ne faisaient qu'un... peut-être faut-il avoir été appelé " papa " dans la nuit pour comprendre cela... Mais aujourd'hui ces relations intimes d'un père et d'une mère avec leur enfant ne veulent peut-être plus rien dire. Peut-être que c'est une mauvaise image ?...

« C'est pour cela que je préférais ne rien te dire, ne pas employer d'image et attendre que l'Esprit-Saint mette en toi les sentiments et la connaissance qui étaient dans le Christ Jésus et que cet " abba " ne vienne pas du bout des lèvres mais du fond du cœur. Ce jour-là tu commenceras à comprendre ce qu'est la prière et la méditation des hésychastes. »

Maintenant, va !

Le jeune homme resta encore quelques mois au Mont Athos. La prière de Jésus l'entraînait dans des abîmes, parfois au bord d'une certaine « folie » : « Ce n'est plus moi qui vis, c'est le Christ qui vit en moi », pouvait-il dire avec saint Paul. Délire d'humilité, d'intercession, de désir « que tous les hommes soient sauvés et parviennent à la pleine connaissance de la vérité ». Il devenait Amour, il devenait feu. Le buisson ardent n'était plus pour lui une métaphore mais réalité : « Il brûlait et pourtant il n'était pas consumé. » D'étranges phénomènes de lumière visitaient son corps. Certains disaient l'avoir vu marcher sur l'eau ou se tenir assis immobile à trente centimètres du sol...

Cette fois le père Séraphin se mit à aboyer. « Ça suffit ! Maintenant, va ! » et il lui demanda de quitter l'Athos, de rentrer chez lui et là il verrait bien ce qu'il reste de ses belles méditations hésychastes !...

Le jeune homme partit. Il revint en France. On le jugea plutôt amaigri et on ne trouva rien de très spirituel dans sa barbe plutôt sale et son air négligé... Mais la vie de la ville ne lui fit pas oublier l'enseignement de son staretz !

Quand il se sentait trop agité, n'ayant jamais le temps, il allait s'asseoir comme une montagne à la terrasse du café. Quand il sentait en lui l'orgueil, la vanité, il se souvenait du coquelicot, « toute fleur se fane », et de nouveau son cœur se tournait vers la lumière qui ne passe pas. Quand la tristesse, la colère, le dégoût envahissaient son âme, il respirait au large, comme un océan, il reprenait haleine dans le souffle de Dieu, il invoquait son Nom et murmurait : « Kyrie eleison... ». Quand il voyait là souffrance des hommes, leur méchanceté et son impuissance à changer quelque chose, il se souvenait de la méditation d'Abraham. Quand on le calomniait, qu'on disait sur lui toutes sortes de choses infâmes, il était heureux de méditer ainsi avec le Christ... Extérieurement, il était un homme comme les autres. Il ne cherchait pas à avoir « l'air d'un saint »... Il avait même oublié qu'il pratiquait la méthode d'oraison hésychaste, simplement il essayait d'aimer Dieu instant après instant et de marcher en sa Présence...

II

ARSÈNE OU LES COMMENCEMENTS
DE L'HÉSYCHASME

Arsène est bien connu des hésychastes ; dans les déserts d'Egypte d'autrefois comme dans les monastères orthodoxes d'aujourd'hui, on raconte souvent son histoire : un jour Arsène, après avoir essayé sans succès toutes sortes de médecines et de méthodes devant venir à bout de son mal-être, demanda au Christ : « Que faut-il faire pour être sauvé ? » Le salut, pour les anciens, c'est « avoir le cœur au large », « respirer amplement », « être libre », « être en pleine santé, physique, psychique et spirituelle », autant de traductions possibles du mot grec *soteria*. Arsène s'adresse à Jésus comme à son Sauveur, celui qui peut lui rendre la clef des champs, l'accès à la Paix sans lassitude.

Le Christ lui répondit trois paroles brèves, trois « mitsvots », exercices ou commandements à mettre en pratique, pour retrouver la santé de l'esprit, de l'âme et du corps, et redevenir à l'image et à la ressemblance de Dieu, paradis perdu, royaume à venir : *Fuge, Tace, Quiesce,* fuis, tais-toi, connais le repos. Chacune de ces paroles, comme les paroles de l'Écriture, peut être entendue à différents niveaux ; dans un sens littéral d'abord, puis dans une interprétation psychologique, pour arriver enfin au sens spirituel. Arsène avait bien demandé : « Que faut-il faire ? » Il ne demandait pas le sens de la vie, le pourquoi de ses maux, il demandait quelque chose à faire, à vivre, à expérimenter pour que le salut ne soit plus seulement une phrase.

Fuge

Arsène, comme les pères du désert, prit cette parole à la lettre, il faut fuir, partir, quitter la ville, sortir du monde et de ses mondanités. Fuir parce qu'on étouffe. Dans certaines situations il n'y a pas d'autre issue que la fuite, ce n'est pas de la lâcheté c'est un sursaut de santé. La fuite est la force des biches. Quand on sent son environnement trop menaçant, capable d'étouffer ou de pervertir ce qu'on a de meilleur, mieux vaut partir. Dans un premier sens, fuir c'est d'abord changer de lieu, de milieu, de mode de vie. Chez certains adolescents la fuite ou la fugue est une réaction de survie, une nécessité vitale ; il n'y a pas à se complaire dans des situations sans issue. Les anciens fuyaient le monde parce qu'ils ne voyaient pas d'autre issue en lui que la mort, et un étrange désir leur faisait penser qu'ils n'étaient pas nés seulement pour mourir, mais qu'un autre Espace, un ailleurs — « était-ce dans le corps, était-ce hors du corps ? » — les attendait.

Le désert physique se trouve aux frontières de l'espace et du temps, il n'y a rien à voir, à trouver, c'est une bonne place pour la lumière.

Cette fuite néanmoins peut d'abord être prise dans un sens négatif : fuir quelque chose, plutôt que fuir « vers » quelque chose ; les textes ascétiques sont

clairs à ce sujet, il faut « fuir le mal », ce qui l'excite
et tend à le développer, en un mot « fuir ce qui
entraîne au péché ». Le péché, pour les anciens, c'est
« manquer la cible », passer à côté du but (sens
littéral du mot *hamartia*), les textes de la philocalie
développeront ce thème par la suite : c'est « l'oubli
de l'Être ».

Marc l'ermite dira : « Au temps où tu te souviens
de Dieu, multiplie ta prière afin que, le jour où il
t'arrivera de l'oublier, le Seigneur, lui, te fasse
ressouvenir de lui. » L'Ecriture dit : « Le chéol et la
perdition sont à nu devant le Seigneur » (Prov. 15,
11). Elle veut dire l'ignorance et l'oubli du cœur ; le
chéol est l'ignorance, la perdition, l'oubli. Ils sont
cachés l'un et l'autre parce qu'ils ont disparu de
l'être. Il faut fuir le monde parce que c'est le monde
de l'oubli.

Au désert on ne peut pas oublier « qui nous
sommes et ce que nous sommes », notre fragilité
nous ramène dans la proximité du Vivant « en qui
nous avons la vie, le mouvement et l'être », nous
retrouvons notre axe essentiel, nous réapprenons « à
viser juste » et c'est cela sortir du péché : retrouver
la mémoire du Vivant qui nous anime, viser à la
contemplation de ce qu'il Est au cœur de ce que
nous sommes. Mais nous demeurons toujours libres
de nous détourner de l'Etre, de nous en distraire,
dans ce cas c'est plutôt le monde qui est une « fuite
de l'essentiel », une lâcheté devant les évidences de
notre néant. Si les pères ont souvent mentionné la
fuite du monde comme point de départ vers le salut
ils ont davantage insisté sur cette fuite comme étant
une fuite « vers quelqu'un », Plotin disait « fuir seul
vers le Seul », leur fuite était démarche de lucidité et
de connaissance mais plus encore élan du cœur,
« désir de connaître comme je suis connu, désir

d'aimer comme je suis aimé », fuir vers Dieu, « fuir unifié, vers l'unique Un ».

A un niveau psychologique la fuite sera ainsi fuite de la dispersion, de l'agitation, fuir ce qui nous détourne de ce que nous considérons comme l'essentiel, fuite de ce qui remet en question le sens profond de notre vie. Les artistes, peintres, musiciens ou écrivains ont aussi besoin de fuir parfois leurs relations les plus intimes pour se livrer entièrement à leur travail de création, leur solitude n'est pas rejet de la société mais nécessité vitale. Henri Laborit, l'un des grands biologistes contemporains, précise dans son *Eloge de la fuite* que fuir le monde est nécessaire à la créativité, c'est également sortir des rapports de force « maître-esclave » qui nous troublent « l'hypophyse et la corticosurrénale » : « Ce comportement de fuite sera le seul à permettre de demeurer normal par rapport à soi-même, aussi longtemps que la majorité des hommes qui se considèrent normaux tenteront sans succès de le devenir en cherchant à établir leur dominance, individuelle, de groupe, de classe, de nation, de bloc, etc. L'expérimentation montre en effet que la mise en alerte de l'hypophyse et de la corticosurrénale, qui aboutit, si elle dure, à la pathologie viscérale des maladies dites " psychosomatiques ", est le fait des dominés, ou de ceux qui cherchent sans succès à établir leur dominance, ou encore des dominants dont la dominance est contestée et qui tentent de la maintenir. Tous ceux-là seraient alors des anormaux, car il semble peu normal de souffrir d'un ulcère d'estomac, d'une impuissance sexuelle, d'une hypertension artérielle ou d'un de ces syndromes dépressifs si fréquents aujourd'hui. Or, comme la dominance stable et incontestée est rare, heureusement, vous voyez que pour demeurer normal il ne vous reste plus qu'à fuir loin des compétitions hiérarchiques [1]. »

On peut fuir dans la drogue, fuir dans le travail, fuir dans l'imaginaire, fuir dans l'obéissance ou le fatalisme, l'important c'est de savoir ce que nous fuyons : sans doute la réalité de ce que nous sommes ? Arsène savait-il ce qu'il fuyait, sans doute l'illusion de ce qu'il croyait être ? Surtout, « il fuyait vers quelqu'un », tel est le sens spirituel de la fuite : l'affirmation d'une Transcendance, affirmation qu'il y a dans ce monde quelque chose qui n'est pas de ce monde, que le monde n'a pas en lui-même son sens et sa fin. Cette relativisation du monde a rendu les chrétiens souvent suspects aux régimes politiques qui ne voient pas d' « ailleurs au monde », et de références autres que celles de leur propre pouvoir.

Quitter le monde c'est affirmer sa liberté à son égard ; l'étymologie du mot « sainteté » en hébreu indique une idée de séparation ; le saint c'est le séparé, celui qui se comporte autrement, Israël est considéré comme peuple saint parce qu'il est censé ne pas obéir aux lois du monde et affirme ne dépendre que de Dieu seul. La sainteté pour les pères du désert en continuité avec l'expérience biblique, c'est prendre ses distances à l'égard du monde et de ses mœurs, affirmer son autonomie et sa liberté.

Le grand modèle de tous ces « fuyards », c'est Abraham à qui Dieu demanda de quitter famille et patrie pour aller vers lui-même et le pays qu'il lui montrerait. D'un point de vue psychologique, il est déjà nécessaire de quitter son père et sa mère pour accéder à l'autonomie et devenir adulte.

Au passage, on remarquera que Jésus fut un enfant fugueur : dès l'âge de douze ans il faussait

1. Henri Laborit, *Eloge de la fuite*, Laffont, p. 18-19.

compagnie à ses parents, pour fréquenter le temple, leur montrant ainsi que son désir était orienté vers autre chose que le bien-être familial ou une bonne intégration sociale. « Ne savez-vous pas qu'il faut que je travaille aux affaires de mon Père. » De père il ne veut en connaître d'autre que Dieu, c'est de lui seul que nous vient la vie, et le sens de la vie.

Arsène, comme Abraham, fuyait les certitudes établies pour suivre l'incertain de son désir qui le conduisait à travers nuits, brouillards et parfois oasis, au-delà du désert, vers la Terre promise. Croire à la Réalité d'une promesse plus qu'aux réalités que l'on peut acheter et vendre... assumer le manque. Notre plus profond désir est structuré pour la grâce, pour la gratuité, il cherche ce qu'on ne peut posséder. S'il quitte tout ce qu'il peut posséder, c'est que tout cela reste de l'ordre de l'avoir, notre désir est désir d'un être qui ne se possède pas, qu'on ne peut pas « avoir ». Dieu ne comble pas le désir, il le creuse, il déréalise les « objets du désir » pour leur substituer le « Sujet » qui ne se possède pas quand on peut néanmoins « être avec », « marcher en sa Présence »...

Fils d'Abraham, Arsène avançait dans la nuit « comme s'il voyait l'Invisible ».

Mais à quoi bon fuir le monde, le monde n'est-il pas en nous ? Le corps ne garde-t-il pas dans chacun de ses muscles, de ses nerfs, de ses cellules la mémoire de ses miasmes ? Il suffit de fermer les yeux, on se retrouve alors sur la place du marché, une foule nous remplit. Antoine a rendu célèbres les apparitions des anachorètes : il y a peu de rues au monde qui soient aussi riches en tentations que l'imaginaire d'un ermite.

Cassien raconte aussi l'histoire de cet homme qui fuyait le monde et avait laissé aux portes du monastère de grands biens, mais après de longues années de cellule il considéra comme très précieuse une simple gomme, et il ne pouvait se résoudre à la prêter à aucun de ses frères... L'exemple est ridicule, il montre bien, pourtant, que si l'oiseau est attaché par un fil ou par une énorme chaîne, il ne peut toujours pas voler. Ce qu'il importait de quitter en quittant le monde, c'est l'attachement, la dépendance.

L'attachement, au désert, se fait plus subtil, on n'est peut-être pas attaché aux possessions terrestres mais on peut être attaché à des idées, à des pratiques même spirituelles... Tant qu'on ne s'est pas quitté soi-même, tout est prétexte à attachement, c'est pour cela que dans la tradition hésychaste on insistera sur l'obéissance à un père spirituel comme étant un sûr moyen de délivrance ; quand on enlève à Narcisse sa volonté propre et la complaisance dans son propre reflet, il se retrouve dans le désert de Dieu, sinon, même quand il prie, il est devant son miroir.

Comme Arsène, chacun de nous sait ce qu'il a à fuir pour se garder libre. Les chaînes les plus visibles ne sont pas toujours les plus tenaces, quel est ce fil invisible qui dans le dénuement même nous fait encore dire « moi » ?

L'opposition courante entre l'adhésion au monde et la sortie du monde est sans doute trop spatiale, il faut la resituer dans sa dimension verticale : « attachement ou non-attachement ». Certains, au cœur même du monde, vivent plus détachés — prêts à rendre leur souffle à la Source du Souffle — que certains qui ont « renoncé au monde » et qui entretiennent des attachements affectifs ou même religieux.

Avant Abraham, le modèle d'Arsène c'était le Christ lui-même. L'Evangile nous le montre souvent fuyant la foule, non seulement quand on voulait le faire roi, mais la nuit, il fuyait vers quelqu'un, vers Celui qu'il appelait son père. « Il faut que le monde sache que j'aime le père. » Avec ses disciples même il maintenait cet écart pour leur montrer où était son trésor, où était son cœur. Le jour de l'Ascension, il les fuit définitivement : « Il est avantageux pour vous que je parte. » Il s'efface pour laisser la place. « Si je ne pars pas, l'Esprit de Vérité ne pourra venir. » « Quand Il viendra Il vous rappellera tout ce que je vous ai dit... que vous êtes en moi et moi en vous. »

Le Christ s'effacera pour ne pas devenir une idole, quelqu'un que l'on chercherait à l'extérieur, alors qu'il veut être un principe de Vie à l'intérieur de nous-même.

Fuir les représentations extérieures du Christ pour le retrouver à la Source de soi. Maître Eckhart dira plus tard : « C'est par amour de Dieu même qu'il nous faut quitter Dieu. »

Il arrive parfois que dans notre vie spirituelle nous disions que Dieu ou le Christ nous « fuient », qu'ils se retirent. Or Ils demeurent — « Le même hier — aujourd'hui — toujours » —, ce sont les fausses images que nous en avons qui disparaissent, les idoles sécrétées par notre besoin inaltérable d'objets gratifiants. Nos croyances se désagrègent, vient la foi, l'adhésion pure au creux de nos manques à l'Inconnu qui nous conduit.

« Dieu a créé le monde en se retirant. » Il recrée l'homme en le fuyant sans cesse, le maintenant ainsi « en marche » au plus vif de son désir.

Tace

La seconde parole qu'entendra Arsène c'est « Tais-toi ».

Gandhi, qui pratiquait chaque semaine une journée de silence, nous rappelle que le silence fait partie de l'hygiène et demeure une condition de santé. Par la parole nous dépensons beaucoup d'énergie, par le silence nous recueillons cette énergie qui nous rendra capables de dire des « paroles dignes du silence », aussi fortes que Lui.

La pratique du silence est donc d'abord à prendre dans un sens littéral. Saint Jacques, dans son épître, dira que « celui qui domine sa langue domine tout son corps » (Jacques 3,2). On connaît l'histoire de cet homme qui un jour entendit le début de psaume « Seigneur j'ai mis une garde à ma bouche... » : il partit au désert et revint dix ans plus tard ; « maintenant, dit-il, je peux continuer à entendre la suite du psaume ». Pythagore le savait bien : « C'est une maîtrise plus difficile que les autres que de maîtriser sa langue. »

Grâce à la parole on peut guérir, consoler, instruire, mais on peut aussi tuer, défigurer, mentir. « De toute parole sans fondement nous aurons à rendre compte au jour du Jugement », nous dit l'Evangile, de quoi donner envie de se taire ! Toute parole non fondée sur le réel nous juge, révèle nos prétentions et notre ignorance... que pouvons-nous dire qui soit vraiment « fondé », qui ne se manifeste pas un jour sans fondement ? Les scientifiques le savent, lorsque le Réel leur échappe sans cesse, que ce qui était considéré comme « fondé » ou comme certitude par plusieurs générations de savants ne résiste pas aux analyses d'instruments de plus en plus perfectionnés.

Mais les pères du désert, plus qu'aux « non-fondements matériels » de certaines réalités quantiques, étaient sensibles aux ravages de la calomnie et des médisances ; on raconte à ce sujet l'histoire de ce novice à la langue percutante, toujours prête à ironiser sur la piété relative de ses frères. Son ancien lui dit : « Va me chercher un dindon. » Le jeune homme en trouva un, il le présenta à l'ancien : « Maintenant, plume-le », il obéit ; une fois le dindon plumé, l'ancien demanda au novice : « Maintenant, remets-lui ses plumes. » Le jeune homme étonné demanda : « Mais comment est-ce possible, on ne remet pas ses plumes à un dindon qu'on vient de plumer... ? — Justement, ajouta le vieillard avec tendresse, on ne refait pas la réputation de quelqu'un qu'on a détruit par ses paroles... Garde-toi de médire de ton frère. » Comme le dit le proverbe « Causez, causez, il en restera toujours quelque chose ». Il suffit parfois d'une insinuation, d'un « bon mot », et le soupçon peut à jamais demeurer sur telle ou telle personne. Seuls les saints savent garder le cœur serein face à la calomnie ; l'histoire récente nous montre l'exemple d'hommes qui n'ont pas survécu à leur réputation. A l'origine de ce qui devait les conduire à l'internement ou au suicide, une simple rumeur, « une parole sans fondement ».

D'autres écrits de l'Evangile invitent l'homme au silence : « Rendez un arbre bon et son fruit sera bon ; rendez-le mauvais et son fruit sera mauvais, car c'est au fruit qu'on reconnaît l'arbre. Engeance de vipères, comment pourriez-vous tenir un bon langage alors que vous êtes mauvais ? Car c'est du trop-plein du cœur que la bouche parle, l'homme bon, de son bon trésor, sort de bonnes choses ; et l'homme mauvais, de son mauvais trésor en sort de mauvaises. Or je vous le dis, de toutes paroles sans fondement que les hommes auront proférées, ils rendront compte au jour du Jugement. Car c'est d'après tes paroles que tu seras justifié, et c'est d'après tes paroles que tu seras condamné » (Mt. 21/33-37). « Ecoutez et comprenez ! ce n'est pas ce qui entre dans la bouche qui rend l'homme impur, mais ce qui sort de sa bouche, voilà ce qui rend l'homme impur » (Mt. 15/10). « Rien ne peut nous souiller de l'extérieur, c'est ce qui sort de nous qui nous souille et salit ce qui nous entoure. » « Tout est pur pour celui qui est pur. » Saint Isaac le Syrien insistera : « Quand quelqu'un voit tous les hommes bons et quand personne ne se présente à lui comme impur, alors on peut dire qu'il est authentiquement pur de cœur. »

Mais avant d'en arriver à ce silence intérieur, nonjugement de l'humble amour, les anciens conseillaient à leurs novices de « ne jamais parler en mal d'un absent ».

Tace, tais-toi, non seulement pour ne pas blesser, mais aussi parce que toute parole vient du silence et retourne au silence.

Se taire nous rapproche de cet « Abîme de Silence » dont parlait Ignace d'Antioche pour désigner le Père, Origine du Logos, « le Verbe vient du Père et retourne au Père ». Se taire nous rend également capable d'Ecoute, prier ce n'est pas seulement parler à Dieu, c'est l'écouter, et endurer parfois son silence. « Ecoute Israël », c'est le premier commandement.

Se taire pour se rendre « capable de Dieu » comme Marie « qui écoutait et méditait toutes ces choses en son cœur ». La parole de Jésus à Arsène, qui au premier abord peut sembler négative, cache un précepte positif : réaliser les conditions de la prière, fuir les bruits intérieurs et extérieurs, et dans une écoute silencieuse, demeurer en Celui qui Est : « réaliser le Réel ». Les pères faisaient remarquer que le silence n'est pas à « faire », il est déjà là, il suffit d'enlever les mots, il suffit de se taire, Il est là, comme la page blanche qui demeure immaculée entre les lignes. « Heureux ceux qui ont entendu les paroles de Jésus, plus heureux encore ceux qui ont écouté son silence. »

Mais chacun le sait, on peut se taire avec les lèvres, « on n'en pense pas moins ! ». Les anciens comme les modernes savaient bien que les méfaits d'une parole rentrée peuvent être pire que ceux d'une parole exprimée : « Ce qui rend les morts si lourds, c'est le poids des mots qu'ils n'ont pas su dire. »

Au désert, le silence extérieur est au service du silence intérieur ; or il suffit de se taire pour que se mettent en route les discours internes, le commentateur de tous nos actes... En bons thérapeutes, les anciens demandaient à leurs novices l'ouverture du cœur, ils devaient chaque soir exprimer en paroles les pensées qui les avaient tourmentés durant le jour. Ils appelaient cela « sortir le venin de la gueule du serpent ». Ce venin était variable pour chacun : qu'est-ce qui peut tourmenter un homme seul et en silence dans le désert, sinon le poids rugueux de ses mémoires ? Tous ces désirs inassouvis, toutes ces haines rentrées, ces rancunes et ces remords tenaces ! Les anciens n'en rajoutaient pas sur les méandres de la culpabilité : « Si ton cœur te condamne, Dieu est plus grand que ton cœur », aimaient-ils à dire à la suite de saint Jean. Se reconnaître pécheur, ce n'est pas gratter ses plaies, « retourner à son vomi », c'est reconnaître notre difficulté à nous tenir en Présence de l'Unique Présent, c'est demander la délivrance de ces mémoires qui nous empêchent de Le contempler.

Si le discours interne devenait trop bruyant et parfois même menaçant, les anciens demandaient de faire ce qui est dit dans le psaume : « Briser la tête des enfants de Babylone contre le roc » — les enfants de Babylone ce sont les pensées, le roc c'est le Nom de Jésus ; qu'y a-t-il à l'origine de la peur, d'une angoisse ou d'un mauvais désir ? Une pensée. C'est cette pensée qu'il faut viser à la tête, en son commencement, pour lui substituer le Nom humano-divin que l'on donne à l'Amour invincible : Jésus.

La solitude, le silence, l'invocation du Nom, ainsi se constituent dès les premiers siècles les éléments fondamentaux de la pratique hésychaste. Le but c'est de parvenir à cette « inviolable tranquillité du cœur » dont parle Cassien, à ce cœur silencieux qui ne juge pas, ne calcule pas, ne compte pas... Seul un cœur silencieux est capable d'un véritable amour, non seulement à l'égard de Dieu dans la contemplation, mais aussi à l'égard des autres ; aimer ce qui est, non ce qui devrait être. De nouveau le silence nous rend présents au présent ; ne pas exiger de l'autre qu'il soit autre que ce qu'il est, qu'il corresponde à telle ou telle image, l'aimer tel que Dieu l'aime, c'est-à-dire tel qu'il le fait être, tel qu'il le crée à cet instant.

Mais qui peut rester silencieux devant le crime, devant l'injustice ? La Bible ne condamne-t-elle pas les « chiens muets » qui regardent sans mot dire les souffrances de l'innocent ? Ne dit-elle pas encore que « le sage qui se tait est coupable d'une faute » ? « Sagesse cachée et trésor invisible, à quoi servent-ils l'un et l'autre ? Mieux vaut un homme qui cache sa folie qu'un homme qui cache sa sagesse » (Si. 20/30-31).

Tout cela pour rappeler qu'il ne s'agit pas de faire

du silence une idole, comme la parole il ne vaut que par le poids d'amour qui l'habite et le rendra léger; combien de silences pesants à côté de ce silence aimant, de silences hypocrites et renfrognés ou tout simplement qui n'ont rien à dire, de silences d'incommunicabilité! A ceux-là, le Christ aurait dit : « Parle plutôt! quand tu auras dit ce que tu as à dire, *tace*, tais-toi, goûte le silence, n'entretiens pas les vains discours, ne te disperse pas en paroles inutiles. »

Le silence des lèvres pour les anciens devait conduire au silence du cœur qui lui-même pouvait mener au silence de l'Esprit. Mais ce dernier silence est un don, c'est un état qu'on ne peut acquérir par nos propres forces, par notre ascèse ou notre espérance, « c'est un désir qui n'est pas monté du cœur de l'homme ». Dans cet instant où l'Eternel et le temps s'embrassent, on ne pense plus à Dieu, Il est là. Les mots de la prière s'effacent devant la Présence. A ce propos un moine du Mont Athos faisait remarquer : « Quand on est en présence de quelqu'un, on ne pense pas à lui, il est là. La vraie prière ce n'est pas penser à Dieu, c'est être avec lui, le laisser Etre, le laisser respirer dans notre Souffle. »

Isaac le Syrien rappelle enfin que la parole a été créée dans le temps; le silence, lui, appartient à l'éternité. La parole est toujours celle d'un ego, le vrai silence est « au-delà de l'ego », percée vers l'Etre essentiel.

« *Tace*, tais-toi », ne pense pas « garde le silence », pense plutôt « le silence me garde »... Au cœur du combat, au centre du cyclone, immobile comme un aimant il m'appelle au repos.

Quiesce

La dernière parole adressée à Arsène c'est *Quiesce* — « repose-toi » ou « entre dans le repos ».

Les moines latins, particulièrement les chartreux, parlent de la « quies » comme but de la vie chrétienne, traduction de ce que les moines grecs appellent l' « hésychia », les Hébreux la « shalom », la paix de Dieu. « Trouve la paix intérieure, disait saint Séraphim, et une multitude sera sauvée à tes côtés », comme si le salut de tous dépendait de notre état de paix intérieure. Si l'on croit aux lois physiques de l'interconnexion de toutes choses — « impossible de soulever un brin de paille sans déranger une étoile » — on peut bien croire qu'un être de paix communique de son calme et de sa sérénité au monde entier. On ne médite jamais pour soi seul. Par ailleurs il est dit au Livre de la Sagesse que « Dieu cherche parmi les hommes un lieu pour son repos » ; l'homme en paix est demeure de Dieu. On comprend ainsi l'importance de l'hésychia chez les anciens, sans elle Dieu ne peut pas demeurer parmi les hommes, la fuite hors de l'agitation, le silence des lèvres et du cœur n'avaient pas d'autre but que de conduire à ce repos.

C'est le sens du Shabbat, le repos du septième jour. L'homme a reçu une autre mission que celle de faire, de produire et d'accumuler avoirs, savoirs et pouvoirs, il a reçu pour mission d'être de plus en plus proche de Celui qui est l'être même au point de ne faire qu'un avec lui. L'homme travaille pour pouvoir se reposer, tous les labeurs du désert n'auraient aucun sens s'ils n'étaient aimantés par ce sens sacré de l'hésychia.

Le respect du Shabbat est un commandement,

c'est là que l'homme, au-delà de sa classe, de ses masques, de ses fonctions, retrouve son identité d'enfant de Dieu. Le plus ignoré et le plus important des droits de l'homme, c'est le droit de l'homme à la contemplation. Mais contempler, laisser être celui qui est, demeurer en paix, cela ne s'avère pas si simple, c'est le fruit et le signe d'une personnalité en harmonie avec elle-même — quelles que soient les difficultés de son quotidien —, surtout en harmonie avec Dieu reconnu comme le principe de tout ce qui lui arrive.

Beaucoup, à force de chercher la paix, ont perdu tout repos ! A force de solitude et de silence certains n'ont trouvé dans le désert qu'insensibilité et indifférence, leur cœur de chair est devenu un cœur de pierre, certains finissent leur vie maniaques, mégalomanes ou dépressifs, quand ce n'est pas cruels ou désespérés...

La paix du cœur, c'est le désir de tous et c'est l'expérience la moins commune.

Quiesce, il faut peut-être prendre d'abord cette parole dans le sens très physique de « détends-toi » ; une certaine tension, qu'elle soit d'ordre musculaire ou nerveux (les deux sont d'ailleurs liés), peut nous empêcher non seulement d'être bien, de nous ouvrir aux autres, mais aussi d'être perméable à une autre dimension. Un moine orthodoxe contemporain disait : « On ne prie pas de la même façon les fesses serrées ou les fesses détendues » et il ajoutait : « Dieu est le même, que nous soyons crispés ou détendus, c'est vrai, mais l'homme tendu est moins ouvert à sa Présence, Dieu est partout, c'est exact, mais Dieu n'est partout que là où on le laisse entrer. »

Se détendre, c'est ouvrir davantage ses portes, que celles-ci soient sensorielles (les portes de la perception), affectives ou intellectuelles.

Qu'on se rappelle seulement un grand moment de détente dans une prairie : « Où commençait la terre, où finissait mon corps ? » La détente au désert n'était pas recherchée pour le bien-être qu'elle procurait, mais comme moyen de réceptivité à l'autre, au tout Autre ; il conviendrait mieux, sans doute, de dire « lâcher prise », dénouer l'emprise de l'ego, la volonté de réussir à tout prix, serait-ce sa méditation ou sa prière. On connaît l'histoire de cette personne qui poussait, poussait pour ouvrir la porte ; lorsqu'elle s'arrête épuisée, la porte s'ouvre... dans l'autre sens... On croit chercher Dieu alors que c'est lui qui nous cherche, notre œuvre n'est pas de le prendre, c'est de l'accueillir. Le drame de Prométhée c'est de vouloir s'emparer d'un feu que Dieu veut lui donner ; en cherchant à prendre, il se rend incapable de recevoir. La liberté et la paix du cœur ne sont pas choses acquises, mais dons reçus, des dons qui échappent dès qu'on pense les posséder ; parmi les moines il y eut beaucoup de Prométhée qui partirent à l'assaut de Dieu comme d'une très haute montagne, ils n'ont pas connu le repos.

Le grand ennemi du repos c'est le souci ; Jésus demandait déjà à ses disciples de ne pas se faire de souci et leur donnait en modèles les oiseaux et les lis des champs : « Ne vous inquiétez pas pour votre vie de ce que vous mangerez, ni pour votre corps de quoi vous le vêtirez. La vie n'est-elle pas plus que la nourriture et le corps plus que le vêtement ? Voyez les oiseaux du ciel : ils ne sèment ni ne moissonnent ni ne recueillent en des greniers, et votre père céleste les nourrit ! Ne valez-vous pas plus qu'eux ? Qui d'entre vous d'ailleurs peut, en s'en inquiétant, ajouter une seule coudée à la longueur de sa vie ? Et du vêtement, pourquoi vous inquiéter ? Observez les lis des champs, comme ils poussent ils ne peinent ni ne filent. Or je vous dis que Salomon lui-même, dans toute sa gloire, n'a pas été vêtu comme l'un d'eux, que si Dieu revêt de la sorte l'herbe des champs, qui est aujourd'hui et demain sera jetée au four, ne fera-t-il pas bien plus pour vous, gens de peu de foi! Ne vous inquiétez donc pas en disant : qu'allons-nous manger? qu'allons-nous boire? de quoi allons-nous nous vêtir? Ce sont là toutes choses dont les païens sont en quête. Or votre père céleste sait que vous avez besoin de tout cela. Cherchez d'abord le Royaume et sa justice, et tout cela vous sera donné par surcroît. Ne vous inquiétez donc pas du lendemain : demain s'inquiétera de lui-même. A chaque jour suffit sa peine » (Mt. 6/25-34).

Beaucoup de paresseux, d'insouciants et d'irresponsables pourront se servir des paroles de Jésus pour justifier des comportements plus ou moins aberrants, il n'en reste pas moins que chez les durs ascètes du désert l' « amerimnia », ou le fait d'être sans souci, est une des conditions les plus importantes pour réaliser l'hésychia. Jean Climaque y consacra le vingt-septième degré de son échelle du paradis. Il écrit : « L'œuvre principale de l'hésychia est une *amerimnia* parfaite à l'égard de toutes choses, raisonnables et déraisonnables » (P.G. 88, 1109b). Que l'on doive se déprendre des choses qui n'ont aucune raison d'être, parce qu'elles sont mauvaises en soi ou spirituellement inutiles, rien de plus compréhensible. Mais pourquoi faudrait-il agir de même vis-à-vis de celles qui semblent justifiées par de bonnes raisons? Jean Climaque en donne deux motifs psychologiques. D'abord, les soucis s'appellent les uns les autres. « Qui ouvre la porte aux raisonnables s'embarrassera aussi infailliblement dans les autres » (1109b). Ensuite, la quiétude intérieure est un état d'âme qui ne souffre aucun partage ; elle est totale ou elle n'est pas. « Un poil de rien du tout trouble la vision oculaire, et une préoccupation minime fait évanouir l'hésychia » (1109d). Cette quiétude n'est d'ailleurs pas une fin en soi. Si on se libère entièrement l'esprit de tout ce qui pourrait tant soit peu l'agiter, c'est en vue de le disposer à la contemplation. « Qui veut mettre en présence de Dieu une intelligence pure, et se laisse troubler par les soucis, ressemble à un homme qui se serait solidement entravé les pieds et qui prétendrait hâter le pas » (1112a).

Jean Climaque se souvient sans doute ici d'une sentence d'Evagre, qui disait déjà : « On ne saurait courir, ligoté ; ni l'intelligence ne saurait, assujettie, voir le lieu de l'oraison spirituelle ; car elle est tiraillée çà et là par l'effet de la pensée passionnée et ne peut se tenir inflexible » (*De Oratione* 71, P.G. 79, 1181d).

Mais il faut aller encore plus loin. Pour Jean Climaque, l'hésychia n'est pas seulement « négation de soucis raisonnables », elle est aussi « élimination de pensées », dans le sens très large du terme. « Tu ne saurais avoir l'oraison pure, si tu es embarrassé de choses matérielles et agité de soucis continuels, car l'oraison est élimination de pensées » (*De Oratione* 70, P.G. 79, 1181).

Cette absence de pensées est oubli de soi. Lorsque le mental est apaisé, le « petit moi » disparaît peu à peu, il s'ouvre à l'Autreté qui le fonde et se repose en lui.

L'apaisement du mental est aussi apaisement des désirs, le moine apprend à se contenter de ce qu'il a. « Désire tout ce que tu as et tu as tout ce que tu désires. » Ce contentement était considéré comme une vertu capable de délivrer le moine de la tentation de « se comparer » aux autres, le démon de la comparaison dans les milieux monastiques étant souvent féroce ; là où il y a jalousie, il n'y a pas de paix.

Le grand secret de la paix intérieure c'est donc l'humilité. On sait qu'une des sources de l'angoisse et de l'anxiété c'est d'éprouver la différence entre ce qu'on prétend être, voudrait être, et ce qu'on est réellement. L'humilité c'est la vérité. Etre ce qu'on est, ne rien ajouter, ne rien enlever, ne plus « prétendre à », accepter son humus, sa dimension terreuse, ses grandeurs et ses limites. « Les anges sont beaucoup plus humbles que les hommes parce qu'ils sont beaucoup plus intelligents » ; être intelligent c'est se connaître soi-même, s'il se connaît lui-même l'homme sait qu'il n'est rien, et qui pourrait troubler un homme qui se compte pour rien ? rien non pas au sens psychologique, ce serait dépréciation et pathologie, mais au sens ontologique, savoir qu'on n'a pas l'être par soi-même, ne pas se prendre pour le créateur.

Cela nous conduit vers un autre synonyme du « repos » auquel le Christ invite Arsène : la confiance.

Le croyant est un homme libre, il ne se fait pas de souci parce qu'il sait que sa vie ne dépend pas de lui-même ; cela n'est pas démission ou fatalisme, mais lucidité et foi à l'égard de Celui qui, par des voies parfois incompréhensibles, nous conduit.

Etre humble c'est tout simplement être homme, être homme c'est ne pas se prendre pour Dieu, ne pas se prendre pour Dieu nous rend capable de Le recevoir, de vivre avec Lui. On entre alors dans une autre dimension, on n'est plus dans « le monde » toujours menacé par la loi de l'entropie quelles que soient nos tentatives pour entretenir une vie dont la nature n'est pas de durer.

« Je vous laisse la paix, je vous donne ma paix, non pas comme le monde la donne. » Le monde nous donne des tranquillisants, des euphorisants, la paix dont il est question ici est une paix ontologique qui ne dépend de rien ni de personne, elle ne relève pas du niveau psychique et des techniques d'accès à une certaine tranquillité (comme la drogue, ces techniques peuvent créer des dépendances), c'est une paix qui se situe au niveau spirituel ou « pneumatique ». C'est la paix de Dieu, son Souffle, sa Présence en nous.

Notre paix c'est un Autre, c'est en ce sens qu'on peut dire qu'elle ne dépend pas de nous et qu'elle peut subsister quand le moi psychique subit les pires tourments, cet Autre, rien ni personne ne peut nous l'enlever, il n'appartient pas à cet espace temps.

« Je surabonde de Joie, disait saint Paul, au milieu de mes tribulations. »

Joie incompréhensible pour celui qui ne s'est pas éveillé à cette Présence qui demeure en même temps « plus moi que moi-même et tout autre que moi-même ».

Parvenu à ce repos on pouvait dire d'Arsène :

> *Il est séparé de tout et uni à tout ;*
> *impassible et d'une sensibilité souveraine ;*
> *déifié et il s'estime la balayure du monde ;*
> *par-dessus tout, il est heureux*
> *divinement heureux...* (Evagre).

Fuge. Tace. Quiesce. Ces trois paroles reçues par Arsène seront souvent citées par les pères du désert.

Le mot « hésychaste » sera d'ailleurs souvent traduit par : solitaire, silencieux, ou homme de paix. Arsène peut être considéré comme un archétype parmi d'autres de l'homme en quête de Dieu, qui prend à la lettre les paroles qui lui viennent au cœur.

Il indique un chemin, une pratique de simplification et d'ouverture à celui qui est venu pour que nous ayons « la vie et la vie en abondance », une vie qui n'est pas angoisse et tourment mais Paix et Plénitude, anthropologie non de « l'être pour la mort », mais de « l'être pour la Résurrection et le Repos ».

III

LA PURIFICATION DES « LOGISMOI » CHEZ ÉVAGRE LE PONTIQUE

Nous connaissons Evagre le Pontique par le chapitre que lui consacre Pallade, qui fut son disciple, dans *L'Histoire lausiaque*.

Il naquit vers 345 à Ibora dans le Pont, dans le voisinage d'Anneroi, propriété de famille de saint Basile, où celui-ci et saint Grégoire de Naziance vinrent se retirer en 357-358 pour faire un essai de vie monastique.

Il fut ainsi en relation très tôt avec les grands Cappadociens et c'est Grégoire de Naziance qui l'ordonna diacre. Ce jeune homme « se fit remarquer par sa vive intelligence et son habileté dialectique dans les controverses ».

Un certain nombre de péripéties amoureuses l'obligèrent à quitter Constantinople (où il avait suivi Grégoire) pour Jérusalem. Là il fut accueilli par Mélanie l'Ancienne et par Rufin qui le convainquirent d'aller mener la vie monastique en Egypte.

C'est là, dans les Kellia, les cellules de Nitrie et de Scété, qu'il fut initié à la sagesse du désert, sagesse que le lettré et l'intellectuel qu'il était ignorait. Sagesse de la « metamorphosis », de la *metanoia*, avant tout pratique mais qui suppose une profonde connaissance de l'homme conscient et inconscient.

Macaire, dit l'Alexandrin (mort en 394), Amna-
nias, « grand lecteur d'Origène », et abba Pambo
furent — après Basile et Grégoire — ses maîtres. Le
patriarche Théophile voulut le nommer évêque,
mais en vrai moine, Evagre refusa. Il mourut en
395. Selon Pallade, il avait alors cinquante-quatre
ans.

Son œuvre est assez abondante. Il décrit les bases
de la vie monastique et de la vie de prière, mais il
est surtout connu pour ses « traités gnostiques et
pratiques » où il montre, dans l'esprit de l'Evangile
mais aussi influencé par Origène, le but de la vie
chrétienne et les moyens de parvenir à ce but.

Le traité que nous allons étudier est le *Practikè*,
traité célèbre qui sera transmis en Occident presque à la lettre par Jean Cassien. Ce livre connaîtra
un immense succès dans la tradition monastique
occidentale jusqu'à la Contre-Réforme.

Qu'est-ce que la « practikè » ?

« La practikè est la méthode spirituelle qui vise à
purifier la partie passionnée de l'âme » (chap. 78).
C'est le lent travail de purification du cœur conscient et inconscient pour que celui-ci retrouve sa
beauté première, sa santé ou son salut (en grec :
soteria).

On peut dire ainsi que le *Practikè* d'Evagre est un
traité de thérapeutique du ivᵉ siècle dont le but est
de permettre à l'homme de connaître sa véritable
nature « à l'image et à la ressemblance de Dieu »,
délivré de toutes ses malformations ou déformations
pathologiques.

C'est dans ce sens qu'on pourrait traduire le mot
apatheia qu'emploient Evagre et la tradition monastique du désert non par « impassibilité », mais par
« état non pathologique » de l'être humain, s'il est
vrai que la conversion « consiste à revenir de ce qui

est contraire à la nature vers ce qui lui est propre »
(saint Jean Damascène).

La practikè est une forme de psychanalyse dans le
sens propre du terme : analyse des mouvements de
l'âme et du corps, des pulsions, des passions, des
pensées qui agitent l'être humain et qui sont à la
base de comportements plus ou moins aberrants.
Ainsi, l'élément essentiel de la practikè au désert va-
t-elle consister dans une analyse et une lutte contre
ce qu'Evagre appelle les « logismoi », qu'il faut
traduire littéralement par les « pensées ».

Dans la tradition chrétienne, par la suite, on
parlera des démons ou des « diabolos » (littéralement, ce qui « divise » *(dia)* l'homme en lui-même,
ce qui le déchire ; c'est également l'étymologie du
mot hébreu *shatan,* l' « obstacle » : ce qui s'oppose à
l'unité de l'homme, à l'union avec les autres, à
l'union avec Dieu. Il s'agit toujours de la même idée
de discerner dans l'homme ce qui fait obstacle à la
réalisation de son être véritable, ce qui empêche
l'épanouissement de la vie de l'Esprit (du pneuma)
dans son être, sa pensée et son agir.

Evagre distingue huit « logismoi » à la racine de
nos comportements qui sont huit symptômes d'une
maladie de l'esprit ou maladie de l'être qui font que
l'homme est « vicié », à côté de lui-même, en état
d' « amartia » :

1. La gastrimargia (Jean Cassien traduira directement du grec *de spiritu gastrimargiae*). Il ne s'agit pas
seulement de la gourmandise, mais de toutes formes
de pathologie orale.

2. La philarguria (Cassien : *de spiritu philarguriae*) :
non seulement l' « avarice », mais toutes formes de
« constipation » de l'être et de pathologie anale.

3. La porneia *(Cassien : de spiritu fornicationis) :*
non seulement fornication, masturbation, mais

toutes formes d'obsessions sexuelles, de déviation ou de compensation de la pulsion génitale.

4. Orgè (Cassien : *de spiritu irae*) : la colère, pathologie de l'irascible.

5. Lupè (Cassien : *de spiritu tristiae*) : dépression, tristesse, mélancolie.

6. Acedia (Cassien : de *spiritu acediae*) : acédie, dépression à tendance suicidaire, désespoir, pulsion de mort.

7. Kenodoxia (Cassien : de *spiritu cenodoxiae*) : vaine gloire, inflation de l'ego.

8. Uperèphania (Cassien : de *spiritu superbia*) : orgueil, paranoïa, délire schizophrénique.

Ces huit symptômes auront une longue histoire — de saint Jean Cassien jusqu'à Grégoire le Grand qui, dans les *Moralia,* supprime l'acédie, mais introduit l' « inuidia » (l'envie) et déclare la « superbia » « hors jeu » comme reine des vices, ce qui ramène le chiffre à sept ; ainsi les « huit symptômes » deviendront les « sept péchés capitaux » dont la liste fut répandue par la Contre-Réforme. Le moralisme fera peu à peu oublier le caractère médical de leur analyse, car à l'origine il s'agit bien de l'analyse d'une sorte de cancer psycho-spirituel ou de cancer du libre arbitre qui ronge l'âme et le corps humain et qui détruit son intégrité. Il s'agit en effet d'analyser les influences néfastes qui agissent sur la liberté, « désorientent » l'homme et lui font perdre le sens de sa finalité thé-anthropique.

Analysons brièvement quelques-unes de ces pathologies recherchant, comme dans un traité thérapeutique, la cause des symptômes et le remède qui peut être proposé :

La gastrimargia

On connaît aujourd'hui les empreintes que peuvent laisser certains traumatismes vécus par l'enfant dans ses relations avec la mère ou l' « objet maternant », particulièrement à l'époque de l'allaitement ou du sevrage. Certains comportements d'adulte manifestent une fixation dite au « stade oral ». L'anxiété, l'angoisse peuvent faire régresser une personne dans des attitudes infantiles où elle cherchera une solution à son malaise en ingurgitant une grande quantité de nourriture ou de boisson (boulimie), ou au contraire en refusant toute nourriture et toute boisson (anorexie).

Chez les anciens moines, il y a beaucoup de boulimiques (ceux qu'on représente généralement, les joues rondes, sur les étiquettes de camembert ou de liqueur) ; il y a aussi beaucoup d'anorexiques (ceux qu'on représente les joues creuses, ne vivant que de pain sec et d'eau).

Les pères ont bien vu ces comportements et ce qu'ils ont de pathologique ; aux excès, ils préfèrent la mesure, l'équilibre, la « discrétion », et pour parvenir à une certaine maîtrise de l'oralité et des pulsions inconscientes qui l'animent, ils proposent comme remède non seulement un jeûne modéré (alimentation non excitante, non carnée), mais aussi la pratique de la prière « orale » : le chant des hymnes et des psaumes dont le but, bien sûr, est d'adorer et de louer Dieu, mais aussi de procurer l'apaisement.

Dans les *Récits du Pèlerin russe*, le pèlerin propose à un capitaine porté à la boisson de lire à haute voix l'Evangile au moment même où il se dirige vers son flacon d'alcool. Cela provoque une salivation suffisante pour le calmer et lui « couper » l'envie de boire.

Les anciens ne manquaient pas d'humour ; ils proposent de ruminer et de « mâcher » la parole de Dieu. Ils possédaient aussi une vraie connaissance du composé humain et de certaines formes de psychosomatique.

Du point de vue d'une thérapeutique transpersonnelle, il s'agissait pour eux de passer de la « gastrimargia » prise dans le sens de consommation, à l' « eucharistia », qui veut dire « communion », action de grâces ; ne plus être seulement des « consommateurs », mais des hommes eucharistiques. Certains interprètent le péché originel comme un péché de « gastrimargia » dans ce sens où le « fruit » qui symbolise l'univers matériel a été pris comme un objet de consommation et non comme le lieu même d'une communion avec l'Etre qui est à sa Source et à son Origine, le Créateur.

Il y a une façon de « consommer » et, par voie de conséquence, de consumer la vie qui est l'état de conscience de l'homme ordinaire (psychique), et il y a une façon de « communier » à la vie qui est l'état de conscience de l'homme spirituel (pneumatique).

Etre libéré de cette gastrimargie, de cet « esprit de consommation » rend l'homme capable de vivre toute chose en état d' « eucharistie » ; comme le disait saint Paul, « que vous mangiez, que vous buviez, faites tout pour la Gloire de Dieu ».

La philarguria

Il s'agit non seulement de l'avarice, mais de toute forme de crispation sur un « avoir » quel qu'il soit.

Saint Jean Cassien raconte l'histoire de ce moine

qui laissa de grands biens à l'entrée du monastère, chars, chevaux, maisons, etc. et qui, une fois entré, devint incapable de se séparer d'une « gomme »; c'était plus fort que lui, il ne pouvait pas la prêter à ses frères.

L'exemple est ridicule, mais il illustre bien ces attachements irrationnels que certains peuvent avoir non seulement à l'égard d'un bien quelconque (gomme, livre, vêtement), mais aussi idée, pratique ou posture particulière. Il y a une sorte d'identification avec ce qu'on possède; perdre cela, c'est comme se perdre soi-même.

Une des racines inconscientes de ce comportement se situerait au stade anal. Lorsque l'enfant, s'identifiant à son corps, éprouve quelques terreurs en le voyant se « décomposer » sous la forme des matières fécales, si la mère n'est pas là pour le rassurer et le remercier de « ce joli cadeau », il pourra en éprouver une certaine crainte qui le conduirait à serrer les sphincters ou au contraire à se vautrer dans ses excréments. L'éducation à la propreté n'est pas chose facile et tout homme garde dans son inconscient des traces plus ou moins douloureuses de cette époque de sa vie qui se manifesteront sous forme d'obsession du corps (positive ou négative), de tension, de constipation... et au niveau psychologique, de crispation pathologique sur des possessions accumulées.

Les anciens semblent avoir perçu la racine inconsciente de tout cela lorsqu'ils demandent à leurs moines de « méditer sur la mort » et de prendre conscience que « tout ce qui est composé sera un jour décomposé » et ainsi de devenir libres à l'égard de toutes possessions terrestres.

Etre avare, accumuler des richesses, garder pour soi, c'est entretenir de la « buée » sur la vitre de notre existence ; tout cela ne tardera pas à s'évaporer ; méditation sur le caractère mortel de toutes les formes, mais aussi méditation sur ce qui demeure, sur l'Incréé qui nous habite car il s'agit pour les anciens de découvrir ce qui, dans l'homme, a vraiment de la valeur. « Laisser l'ombre pour la proie », « vendre tout ce qu'on possède pour acheter la perle précieuse »... Les paraboles à ce sujet ne manquent pas dans l'Evangile : « Là où est ton trésor, là aussi sera ton cœur. »

Ce trésor est transpersonnel. C'est la vie divine en chacun de nous. C'est l'amour, ce trésor paradoxal « qui augmente à mesure que nous le dépensons ».

Ainsi, pour les anciens, l'avarice est une maladie grave, en ce sens qu'elle empêche en nous la santé du cœur, c'est-à-dire la générosité, la communication et le partage de la vie. Elle entretient en nous la peur d'aimer. La philarguria nous prive du plaisir de participer à la générosité et à la gratuité (grâce) divine, car « il y a plus de plaisir à donner qu'à recevoir ».

La porneia

Il s'agit d'un mauvais équilibre psycho-physique qui polarise toute notre énergie au niveau génital. Cela peut entraîner un certain nombre de pulsions qui submergent la personnalité et des tensions qui ne peuvent trouver d'exutoire que dans la masturbation ou l'acte sexuel.

La porneia, à un niveau plus profond, c'est traiter son propre corps ou le corps de l'autre comme une « chose », comme une matière sans âme, comme un objet de plaisir et non comme un sujet d'amour.

Pour les anciens, la chasteté est beaucoup plus

que la continence. Il s'agit d'une attitude de respect devant soi-même et devant les autres ; ne pas poser sur eux le regard que l'on pose sur les choses ; les palper avec les mains ou les disséquer avec l'esprit, c'est la même attitude. La chasteté restitue à l'être personnel son mystère, son altérité non « consommable » ; la personne est un être de communion, de relation, non un être de consommation.

Evagre propose un conseil pratique à ceux qui souffrent de ces pulsions génitales douloureuses et obsédantes : boire moins, car selon la médecine ancienne, l'excitation viendrait d'une trop grande humidité dans le corps [1].

En plus du travail manuel qui procure une saine fatigue, il rappelle l'importance de la méditation des Ecritures. Le cerveau étant notre principal organe sexuel, il s'agit de substituer à une pensée obsessionnelle une pensée de louange. Dans ces moments difficiles, il ne s'agit pas de laisser l'esprit vide, mais de l'occuper par l'invocation du Nom, d'un chant ou de toute autre prière.

Par ailleurs, la véritable chasteté ne s'obtient pas en ayant peur d'aimer, mais au contraire en aimant davantage ! C'est-à-dire en respectant l'autre, dans son caractère transpersonnel, « à l'image et à la ressemblance de Dieu », dans son altérité non réductible à nos manques et à nos désirs.

Orgè

Traduit généralement par « colère » ou par « impatience » — dans le langage biblique, on

1. Cf. Hippocrate, *De la génération*, éd. Littré, t. VII, Paris, 1851, p. 470.

parlera de « Qesôr 'appaim » qui veut dire littéralement : « brièveté du souffle ». La colère en effet nous
fait perdre haleine ; nous avons le souffle court ;
l'homme suffoque ; il est comme « possédé ».

Evagre attache beaucoup d'importance à ce phénomène de la colère. Pour lui, c'est ce qui défigure
peut-être le plus la nature humaine et ce qui rend
l'homme semblable à un démon. Dans sa Lettre 56 il
est particulièrement explicite : « Aucun vice ne fait
devenir l'intellect démon autant que la colère, à
cause du trouble de la partie irascible ; il est dit en
effet dans le Psaume : " Leur colère est à la ressemblance du serpent " (Ps 57,5) ; ne va pas penser que
le démon soit autre chose que l'homme troublé par
la colère. »

La colère par ailleurs ravage le foie et excite la bile
et devient particulièrement dangereuse si c'est une
« colère rentrée », non explicite ; elle peut conduire
jusqu'à l'ulcère. En tout cas, nous dit Evagre, elle ne
manquera pas de provoquer des cauchemars la nuit
et de troubler notre sommeil.

Une des causes de la colère vient de notre
difficulté à accepter l'autre en tant qu'autre ; s'il ne
correspond pas à l'image qu'on se fait de lui, notre
esprit s'irrite, le ressentiment nous ronge ; c'est un
signe d'immaturité (cf. les colères de l'enfant « qui
veut tout, et tout de suite »), mais il peut y avoir de
« justes colères » d'adulte, l'indignation devant une
injustice par exemple, mais la haine en est absente et
l'éclat qu'elles provoquent vise à éveiller ceux ou
celui à qui elles s'adressent pour les ramener dans le
« juste sentier ».

Pour la mauvaise colère qui fait de l'homme un
« aliéné », quels sont les remèdes ? D'abord le pardon, « se pardonner les uns aux autres de n'être que
ce que nous sommes » ; et puis, apprendre à expirer,

à allonger son souffle. Cela peut sembler un conseil de bon sens, c'est aussi un exercice spirituel. Dans le langage biblique, pour dire que « Dieu est patient », on dit « qu'Il a de grandes narines », ce qui est une image psychosomatique pour exprimer son calme et sa patience.

« Que le soleil ne se couche pas sur votre irritation » (Eph. 4,26) ; peut-être que les moines anciens, avant de se coucher le soir, avant de pouvoir pardonner à leurs ennemis, se livraient-ils à quelques exercices respiratoires, insistant sur l'expiration pour chasser toute pensée de colère, élargissant ainsi « leurs narines » pour acquérir une patience divine... ? Toujours est-il que la grande qualité du moine, pour Evagre, c'est la douceur (prautès), c'est-à-dire l'opposé de la colère. C'est ce qui distinguait Moïse et Jésus des autres hommes. Cette douceur n'était pas mollesse ou faiblesse, mais manifestation de la parfaite maîtrise de l'Esprit-Saint sur la partie irascible, toujours prompte à s'irriter, de notre être. Il y a une douceur transpersonnelle qui est plus qu'une simple gentillesse de caractère : reflet de l'harmonisation, par le « pneuma », de toutes les facultés physiques et psychiques de l'homme.

Lupè

Toute forme de frustration entraîne plus ou moins un état de tristesse (lupè) ; or la vie chrétienne est « joie et paix dans l'Esprit-Saint ».

Si l'on veut parvenir à cet état de paix et de joie ontologique et non seulement psychologique, il faudra donc lutter contre la tristesse et, par voie de conséquence, travailler sur la frustration et le « manque ».

Etre adulte, pour les anciens, c'est « assumer le manque », mais l'ascèse du désir est plus dans l'orientation que dans la non-satisfaction de celui-ci.

Vivre volontairement un certain nombre de frustrations dans l'ordre matériel, mais surtout dans l'ordre affectif, va le creuser davantage jusqu'à cet infini que l'Infini seul peut combler... « Tu nous a faits pour toi, Seigneur, et notre cœur est sans repos avant qu'il se repose en toi » (saint Augustin).

La tristesse visite le moine lorsque sa mémoire lui présente les biens ou les bonheurs qu'il a quittés volontairement comme étant de nouveau désirables... Il rêve d'une maison, d'une famille, surtout il rêve d'être reconnu et d'être aimé...

L'espace du manque, c'est l'espace même du désert où il s'est retiré, mais quelquefois le manque est trop grand, le désert trop aride, ne risque-t-il pas d'y perdre son humanité ? Il cherchait la joie et voici la croix. Quel remède sera proposé à sa tristesse ?

D'abord on lui demandera de retrouver l' « esprit de pauvreté »... Un riche, c'est quelqu'un à qui tout est dû ; un pauvre, c'est quelqu'un pour qui tout est don. Rien ne nous est dû ! Nous pourrions ne pas exister. « Qu'as-tu que tu n'aies reçu ? »

L'amitié, le bonheur, la joie ne nous sont pas dus. L'esprit de pauvreté non seulement devrait rendre le moine capable d'assumer les frustrations qu'il endure (et donc de devenir adulte), mais aussi d'apprécier les moindres choses, dans leur gratuité... un rayon de soleil, un peu de pain et d'eau... Petit à petit, il devrait apprendre le contentement — « Désire tout ce que tu as et tu as tout ce que tu désires ! » — mais ce contentement n'est pas encore la joie. La joie est dans l'expérimentation au fond de l'être que le Transpersonnel vers lequel ils ont orienté leur désir demeure ici et maintenant : Il Est, et cette joie, nul ne peut la leur ravir.

On comprend que nous ne sommes plus ici dans le sensible, l'affectif ou le raisonnable, mais dans l'ontologique. Pour les anciens, ce n'est que lorsqu'on a pu fixer par le désir sa joie dans ce fond ontologique que celle-ci peut rayonner de façon durable dans les éléments spatio-temporels de l'individu.

Cette joie ne dépend plus alors des choses extérieures, de ce qui nous arrive, de la présence rassurante d'un objet ou d'une personne ou de circonstances favorables ; ce n'est plus une question de santé ou d'humeur, mais de fidélité à la Présence incréée qui habite tout homme. C'est la joie qui demeure.

Nous sommes bien ici dans le Transpersonnel. Cette joie n'est pas la joyeuseté ou la gaieté d'un tempérament privilégié, mais la tranquillité profonde de celui qui rencontre l'autre non pour combler ses manques, mais pour le plaisir de communier à la vie qui à la fois les unit et les transcende.

Acedia

Plus triste que la tristesse, l'acédie est cette forme particulière de la pulsion de mort qui introduit le dégoût et la lassitude dans tous nos actes. Elle conduit au désespoir, parfois au suicide. Dans le langage contemporain, nous parlerions de dépression ou de mélancolie au sens clinique du terme. Les anciens l'appelaient encore le « démon de midi » et ils décrivaient avec précision cet état où l'ascète, après avoir connu les consolations spirituelles des débuts et le combat ardent de la maturité, remet en cause tout son chemin.

C'est le grand doute : n'aurait-il pas été abusé? à quoi bon tout ce temps passé au désert? Il ne prend plus aucun plaisir à la liturgie et aux exercices spirituels. Dieu lui apparaît comme une projection de l'homme, un fantasme ou une idée sécrétée par des humeurs infantiles. Alors mieux vaut quitter la solitude, être utile dans le monde, « faire quelque chose ». Quelquefois le « démon de midi » incitera cet homme chaste et sobre à « rattraper le temps perdu » dans le domaine de la sensualité ou des boissons fortes...

Jung, dans son processus d'individuation, a également bien décrit ce moment de « crise » où l'homme, vers la quarantaine, remet sa vie en question. C'est une période où peut se manifester avec violence le « retour du refoulé », mais cela peut être aussi le moment clef d'un « passage » vers une réalisation supérieure ; aux valeurs de l' « avoir » vont se substituer les valeurs de l'Etre et orienter désormais la vie de l'homme non plus vers l'affirmation de l'ego, mais au contraire vers sa relativisation et son intégration dans l'archétype de la totalité que Jung appelle le Soi. Cette période est particulièrement inconfortable. Tous les anciens appuis ou certitudes nous manquent et rien ne prend encore la place du bel édifice écroulé ; si l'on cherche de l'aide ou du réconfort, cela ne fait qu'augmenter le désespoir, le sentiment de totale incompréhension auquel on semble condamné. Pour ceux qui sont atteints d'acédie, les pères du désert demandent de beaucoup prier. On ne peut pas faire grand-chose d'autre. Leur conseiller le travail manuel ne sera pas d'un secours énorme. Néanmoins il faut occuper l'esprit à des tâches simples. Vivre dans le moment présent sans rien attendre ni du passé ni de l'avenir. « A chaque jour suffit sa peine. » Au cœur de l'angoisse, il s'agit de tenir bon. C'est le moment de la fidélité. Aimer Dieu, ce n'est plus « sentir qu'on l'aime », mais vouloir l'aimer. C'est aussi l'entrée dans le désert de la foi. On croit parce qu'on « veut » croire... Les secours de la raison sont des béquilles déjà brûlées au feu de la fatigue et du doute. C'est le moment de la plus grande liberté où l'on peut choisir Dieu ou le refuser...

Est-ce le « démon de l'acédie » qui s'est emparé de Judas et de Pierre au moment de leur trahison ? Il a vaincu Judas et l'a conduit au désespoir et au suicide : Judas a douté de la Miséricorde de Dieu... Pierre l'a vaincu dans un acte de repentir. Il a cru que si « son cœur le condamnait, Dieu était plus grand que son propre cœur »...

L'acédie peut nous conduire en « enfer » dans ce sens ou elle nous « enferme » en nous-même. Il n'y a plus d'ouverture ou de faille pour l'Amour. Nul « désir du désir de l'Autre »...

De nouveau, les anciens nous rappellent que cette tentation « passera »; elle dure quelquefois plus longtemps que les autres, mais comme tout ce qui passe, elle passera : il n'y a pas de douleur éternelle, et celui qui tient bon doit savoir que « ce démon n'est suivi immédiatement d'aucun autre; un état paisible et une joie ineffable lui succèdent dans l'âme après la lutte ».

Kenodoxia

L'inflation de l'ego, c'est l'histoire de la grenouille qui veut se faire aussi grosse que le bœuf. On la retrouve à l'origine de biens des paranoïas positives ou négatives. Le « moi » se croit l'objet d'admiration ou de dénigrements sans lien avec la réalité. Le propre de cette maladie est de mettre l'individu au centre du monde, comme l'enfant qui exige l'attention de tous les regards. Tout ce qui arrive est interprété par rapport à soi. Le « moi » exige une reconnaissance absolue dans laquelle se profilent tous les manques et les frustrations de son passé. Plus son sentiment d'insécurité est grand, plus il aura besoin de se vanter d'exploits ou de relations qui le confirment dans une importance illusoire. La vaine gloire rend particulièrement irritable et susceptible, dès qu'est remise en cause la belle image que le « moi » a de lui-même ; une simple remarque et il se sent réellement persécuté ; un léger sourire et c'est le monde entier qui reconnaît son génie.

Au désert, ces caricatures se font plus subtiles, mais la racine du mal est la même. Le « moi » s'arroge les prérogatives du Soi ; le petit homme se prend pour Dieu ; il joue à être « comme » Dieu, ce qui l'empêche précisément d'être Dieu et d'être lui-même.

Evagre nous raconte que le moine tourmenté par la kenodoxia s'imagine qu'il est devenu un grand spirituel ; s'il en croit la beauté de ses visions, ses records de jeûne, comment douterait-il de sa sainteté ? Bientôt les malades vont accourir, les pécheurs vont venir frapper à sa porte, d'un seul regard il va les convertir... Il se prend pour le Christ, ce qui précisément l'empêche d'être le Christ, car pour être le Christ, il ne faut pas trop se soucier de soi-même mais aimer Dieu et aimer les hommes comme Lui-même les a aimés.

Dans cet Amour, disait Origène, c'est le Logos qui s'incarne de nouveau.

Nous lui devenons « une humanité de surcroît », dira plus tard Elisabeth de la Trinité.

La kenodoxia rend l'homme de plus en plus égocentré, ce qui l'empêche de demeurer théo-centré ou christo-centré, c'est-à-dire de garder le Vivant, « l'Etre qui Est véritablement », pour centre véritable. « Ce n'est pas moi qui vis, c'est le Christ qui vit en moi », disait saint Paul. Cela ne sonne pas comme : « Le Christ, c'est " moi ". »

Selon Evagre, la kenodoxia va également faire rêver le moine qu'il va devenir « prêtre » ; cela peut nous étonner aujourd'hui, mais à l'époque, le sacerdoce était revêtu d'une telle dignité que tout moine normalement constitué devait se juger indigne d'une telle grâce. Vouloir devenir prêtre était alors un comble de vanité.

Le remède à la kenodoxia, selon Evagre — cela peut encore nous étonner —, c'est la Gnose dans son sens de connaissance. En effet, il n'y a rien de tel que la connaissance de soi pour être délivré de bien des illusions...

Qui sommes-nous réellement ? « L'homme est comme l'herbe : au matin elle fleurit, le soir elle se flétrit. » Qu'est-ce que ce monde ? « Une goutte de rosée au bord d'un seau... »

La connaissance de soi, la connaissance de ce qui EST remet l'homme à sa juste place, dans son statut ontologique de créature. « Qu'as-tu que tu n'aies reçu ? » — alors pourquoi t'en vanter au lieu de rendre grâces ?

La Gnose, c'est également la connaissance de Dieu, la connaissance de l'Etre, ce qui délivre par le discernement du pouvoir de « ce qui n'est pas ». « Les anges sont beaucoup plus humbles que les hommes parce qu'ils sont beaucoup plus intelligents. »

La vaine gloire est signe de méconnaissance non seulement de soi, mais de la réalité ultime qui rend toutes autres réalités relatives. Lorsque, par la Gnose, nous sommes délivrés du démon de la kenodoxia, nous risquons de nous retrouver avec « lupé » ou « acedia », on n'est plus ce qu'on croyait être... Faire le deuil de ses illusions ne va pas toujours sans peine, mais mieux vaut encore cela que d'être conduit petit à petit vers cette « démence » qu'est uperèphania, car « comme la lueur de l'éclair précède le bruit du tonnerre, la présence de la vaine gloire annonce l'orgueil ».

Uperèphania

Si la vaine gloire était considérée par les anciens comme un signe de stupidité ou de débilité mentale, l'uperèphania ou l'orgueil manifeste une ignorance encore plus profonde de la nature humaine. Dans ses effets, l'uperèphania peut vous conduire à une rupture avec le Réel qui est le propre des états schizoïdes. L'homme enfermé dans son autosatisfaction subjective est proche de l'autiste enfermé dans le monde de ses représentations mentales sans communication possible avec l'Autre.

Les philosophes, à l'instar des moines, parlaient de l' « hybris » ou de la démesure comme étant la cause de tous les maux. L'uperèphania est une forme de « démesure » au niveau spirituel : une créature qui n'a pas l'Etre par elle-même s'arroge les droits et les pouvoirs du Créateur Lui-même, mais les moines ne spéculent pas à ce sujet, ils décrivent des situations concrètes. L'orgueilleux s'arroge le droit de juger son frère comme s'il était Dieu qui seul « sonde les cœurs et les reins ». L'orgueilleux se prend pour

la cause première de lui-même, comme s'il pouvait se donner sa propre vie, insuffler son propre
souffle... L'uperèphania va conduire l'homme
dans un état d'égarement, il va devenir « hors de
soi ». Le mot employé ici par Evagre est « ekta-
sis » ; ainsi, l'extase, à l'origine, pouvait être prise
dans un sens négatif (l'union à Dieu ou la Divinisation — théosis — n'a pas pour but de mettre
l'homme « hors de lui-même » mais au contraire
de le « recentrer », de l'intégrer davantage en
Dieu qui est à la fois au-delà et au-dedans « Tout
Autre » que moi-même et plus moi que moi-
même).

Les anciens l'ont d'ailleurs souvent remarqué :
un orgueilleux, lorsqu'on le frappe ou lorsqu'on
lui fait une remarque, est vite « hors de lui-
même » ; il peut même devenir « fou furieux » ; un
homme humble dans la même situation réagira
très différemment, comme si l'injure et la calomnie ne pouvaient atteindre le noyau paisible de
son être ; n'ayant aucune prétention, l'homme
humble connaît la tranquillité, il n'attend plus
d'autrui quelque signe d'admiration ou de reconnaissance pour être lui-même. Ainsi, le grand
remède à l'uperèphania sera-t-il, pour les pères,
l'humilité !

Ils sont intarissables sur les effets thérapeuti-
ques de cette vertu. L'humilité, c'est la Vérité !
C'est être ce qu'on est, ni plus ni moins ; ne rien
ajouter, ne rien omettre, car il y a une fausse
humilité qui est de l'orgueil déguisé : se considérer comme le pire, le plus infâme, le plus grand
pécheur, c'est encore accorder une trop grande
importance à son petit « moi » ; c'est ne plus
avoir le regard dirigé vers « celui-là seul qui est
l'Etre en Lui-même ». L'humilité vient de *humus*,

la terre. Etre humble, c'est accepter sa condition terreuse, terrestre, et s'émerveiller que cette terre infiniment fragile soit « capable » d'intelligence et d'amour : « capax Dei ».

Pour ce « démon » de l'uperèphania comme pour les autres, les anciens recommandent à leurs moines de tourner leur regard vers le Christ, l' « homme parfait », l'Archétype, l'homme que nous sommes en réalité : « Lui de condition divine ne retint pas jalousement le rang qui l'égalait à Dieu, mais il s'anéantit *(eskenosen)*, lui-même devenant semblable aux hommes, obéissant jusqu'à la mort et à la mort sur une croix... aussi Dieu l'a-t-il exalté et lui a-t-il donné le Nom au-dessus de tout Nom » (saint Paul, *Epître aux Philippiens*). C'est toujours ce même processus d'anéantissement, de non-appropriation qui conduit à la Révélation du Nom, c'est-à-dire à la Révélation de l'Etre ou du « plus qu'Etre » pour parler comme Denys.

C'est dans l'Evacuation *(eskenosen)* ou la purification de notre ego que va se révéler en nous l'Espace qui contient toutes choses.

Il y a bien d'autres « logismoi » qui viennent tourmenter l'homme : la jalousie, le mensonge, par exemple, mais ils sont tous plus ou moins dérivés de ces huit principaux. Les anciens ne sont pas casuistes mais thérapeutes, l'analyse de tous ces maux veut remonter à la racine des souffrances de l'homme pour qu'il en soit délivré à jamais. Nous l'avons déjà remarqué : tous ces « logismoi » sont des maladies de l'ego ou, dans le langage paulinien, des maladies du « vieil homme ». L'ego qui cherche à se rassurer par la nourriture (gastrimargia) ou par l'accumulation de biens (philarguria) ou de plaisirs (porneia). L'ego qui se révolte quand on est en désaccord avec lui (orgè). L'ego qui s'attriste quand il lui manque quelque chose et que la réalité ne correspond pas à son désir (lupè). L'ego qui désespère (acedia) et délire pour se rassurer, s'invente une autonomie, une puissance qu'il n'a pas puisqu'il n'est pas l'Etre (kenodoxia, uperèphania).

La maladie mentale ne s'enracinerait-elle pas dans l'affirmation de l'ego aux dépens de la reconnaissance du Soi Transpersonnel qui l'habite ?

A l'attitude « ego-centrée » de l'homme pathologique, les moines veulent substituer l'attitude christocentrée ou théo-centrée de l'homme sans pathologies (apathéia). Nous dirions aujourd'hui qu'à l'attitude névrotique de l'homme crispé sur les représentations qu'il a de lui-même, la psychologie transpersonnelle veut substituer une attitude ouverte, non ego-centrée, qui rendra l'homme disponible aux aventures inspirées de la Conscience et de la Vie. « Ce n'est pas seulement moi qui vis, avec mes mémoires, mes besoins, mes manques, c'est aussi la Grande Vie qui se vit en moi avec sa plénitude, sa générosité. »

Lorsque nous ne sommes plus ego-centrés, nous ne sommes plus esclaves de ce « moi-je » infantile qui veut sans cesse être le centre du monde et qui souffre lorsque cette place lui est refusée. L'homme devient capable alors d'aimer et de servir, sans rien attendre en retour, gratuitement (avec grâce). N'est-ce pas l'attitude « naturelle », non pathologique, de l'adulte vis-à-vis de ses propres enfants ? C'est vrai que bien peu aujourd'hui atteignent cette « maturité ».

Nous connaissons tous de ces « adultes » qui ont trois ou quatre ans d'âge et qui, au moment de la retraite, réclament encore l'honneur et l'attention qui leur sont « dus » et qui leur ont sans doute manqué dans leur enfance. Certains sont parvenus jusqu'à « l'âge de raison », peu l'ont dépassé.

« La grâce, disait Bernanos, c'est de s'oublier », ne plus s'apercevoir de soi-même... Cet « oubli de soi » n'est pas le résultat d'un quelconque volontarisme, mais le fruit d'une expérience du Transpersonnel au cœur du quotidien. Ne plus voir les choses par rapport à soi restitue chaque chose dans la clarté de son évidence. Cela ne nous « exile » pas du monde ; au contraire, nous sommes bien « dans le monde », mais nous demeurons libres à son égard et nous le rendons libre à notre égard : « dans le monde, mais pas DE ce monde ».

L'état d'apathéia, que nous avons traduit par un « état non pathologique de l'être humain », est un état de spontanéité, d'innocence, de simplicité (*simplicitas*, étymologiquement, veut dire « sans pli », sans retour sur soi). Il décrit un état de clarté de l'intelligence qui « voit » les choses telles qu'elles sont, sans s'y projeter avec ses mémoires, ses idées, ses idéologies (idoles). C'est la conscience-miroir, état de calme et de santé du cerveau, diront les neuro-physiologues.

L'apathéia décrit également un état de pureté du cœur, capacité d'aimer quelles que soient les circonstances ; c'est l' « amour des ennemis », dont parle le Christ, c'est-à-dire l'accès à une dimension de l'amour qui ne dépend pas de circonstances ou de rencontres favorables pour se manifester. C'est l'Amour-Etre, le Noyau indestructible « qui fait tourner la terre, le cœur humain et les autres étoiles ». C'est ce « soleil qui fait briller sa lumière sur les méchants comme sur les bons », dont nous parle l'Evangile (Mt. V/43-46).

Enfin, cet état d'apathéia est un état de luminosité et de légèreté du corps physique lui-même. La

Transparence aux énergies divines comme le montre saint Séraphim de Sarov et de nombreux autres saints donne au corps charnel les qualités d'un corps de lumière ou d'un « corps de Résurrection ». (Cf. le grand thème de la Transfiguration et de la Résurrection de la chair dans le christianisme : la possibilité d'une participation réelle de notre être spatio-temporel à la vie divine.)

IV

UN HÉSYCHASTE EN OCCIDENT :
SAINT JEAN CASSIEN

Avec Augustin d'Hippone, Cassien de Marseille était entre 425 et 430 une des principales figures de l'Eglise. On le considérait comme un représentant autorisé de la tradition, et particulièrement de la tradition qu'il avait reçue à Constantinople de saint Jean Chrysostome et dans les différents déserts d'Egypte et de Syrie. Dès 470 la sainteté de Cassien était reconnue de tous [1].

Lorsque Gennade composa son *De viris illustribus*, il le qualifia simplement de « Sanctus Cassianus ». Plusieurs évêques de Rome, et non des moindres, ont tenu le même langage. Saint Grégoire qui, dans une lettre adressée à une abbesse de Marseille, Respecta, témoigne que son monastère avait été consacré « en l'honneur de saint Cassien » ; le bienheureux Urbain V et Benoît XIV enfin, qui va jusqu'à déclarer qu'il n'est point permis de mettre en doute sa sainteté. Parallèlement à ces autorités, la tradition s'exprime dans les martyrologues gallicans et les ménologes grecs : elle est unanime. Sa fête se célèbre en Orient le 28 ou le 29 février, en Occident au

---

1. Cf. *Jean Cassien, A Study in Primitive Monachism*, O. Chadwick, Cambridge, 1950.

diocèse de Marseille le 23 juillet, le lendemain de la
fête de Marie Madeleine. A tous ces titres, mais
aussi pour la fondation de nombreux monastères en
Gaule et la rigueur de sa doctrine maintenant une
juste « synergie » entre la liberté de l'homme et la
grâce de Dieu, ne mérite-t-il pas le nom de « père de
l'Eglise de France » ?

Éléments de biographie

Malgré les incertitudes des historiens quant à son
origine, nous savons par son propre témoignage que
Cassien naquit dans une famille religieuse et riche. Il
suivit avec succès, dans les écoles, le cours des études
classiques (Inst. 1,5, c.35 ; Coll. 14, c.9) mais il ne
nous dit rien sur son lieu de naissance. Actuellement
on hésite entre la Scythie mineure (l'actuelle
Dobroudja) et la Gaule méridionale des régions
provençales. Quant à la date de sa naissance, il
serait possible de la situer sans trop de risques
d'erreur vers l'an 365.

Ce dont on est sûr, c'est qu'une fois ses études
terminées, Cassien, entraîné par son ami Germain,
vit naître en lui le désir de la vie monastique.

« Frères non par la naissance, mais par l'esprit »,
ils partent tous deux vers la Palestine non seulement
pour visiter les lieux saints mais, selon les termes de
Cassien lui-même, « en vue de se former à la milice
spirituelle ». Ils furent reçus dans l'une des cellules
du monastère de Bethléem. Vraisemblablement,
leur curiosité les conduisit chez les cénobites de la
Palestine, de la Syrie, peut-être même de la Mésopo-
tamie, dont les usages sont décrits au Livre des
Institutions. Cassien devait être encore dans la fleur
de l'âge quand il arriva à Bethléem, car il nous dit

que « c'est dès le temps de son enfance qu'il vécut
parmi les moines, dès un âge tendre, qu'il fut instruit
à former de grandes résolutions » (Coll. II, c.1) : de
telles expressions permettent de penser qu'il avait
alors entre dix-sept ou dix-huit ans. Nous serions
dans les années 382 ou 383.

« Après avoir reçu les premiers rudiments de la
foi, écrit Cassien, et fait quelque profit nous ressen-
tîmes le désir d'une perfection plus haute et réso-
lûmes de gagner incontinent l'Egypte » (Inst. I.36).
Choisissant la route de la mer, plus rapide et plus
sûre, ils abordèrent à Themens, située sur l'une des
bouches orientales du Nil, non loin de l'actuelle
Damiette. Sur le conseil d'Archébius évêque de
Panephysis, ils décidèrent de rencontrer les solitaires
qui vivaient non loin de sa ville épiscopale, dans des
îlots entourés de marais salants. Cassien en nomme
trois : Chérémon, Hesteros et Joseph. Attirés par un
plus profond désert ils partirent encore à la
recherche des anachorètes qui habitaient en deçà du
Nil, « dans un endroit limité d'un côté par le fleuve,
de l'autre par l'immensité de la mer, et formant une
île inhabitable à tout autre qu'à des moines en quête
de solitude » (Coll.). Ils y firent eux-mêmes un essai
auquel pourrait se rapporter la conférence 24 de
l'abbé Abraham. Ils y avaient connu d'abord l'abbé
Piamm à qui Cassien se dit redevable des premiers
principes de la vie solitaire dont il devait acquérir
ensuite, à Scété, une connaissance plus parfaite
(Coll. 10, c.2). Les mystérieux déserts de l'intérieur
hantaient encore la pensée de nos deux amis. Ils
remontèrent donc vers le sud jusqu'à la partie la plus
proche de la solitude de Scété aux horizons désolés et
à l'eau marquée d'une saveur de bitume. Là,
demeurait la congrégation du prêtre Pafnuce. C'était
la première fondation de Macaire l'Egyptien.

Macaire est aux yeux de Cassien « le grand homme » (Coll. 3, c.1). Mais Pafnuce aussi conquit entièrement son admiration : « Parmi ce chœur de saints, astres purs qui reluisaient dans la nuit de ce monde, nous vîmes briller le bienheureux Pafnuce, de qui la science jetait un éclat plus vif, comme d'un grand luminaire » (Coll. 6, c.1).

Cassien dut visiter également le désert de Mitrie pour y voir Evagre le Pontique (Inst. I.II, c. 18 ; cf. I.12, c. 20). Il revint à Bethléem puis partit pour Constantinople ; c'est là qu'il rencontra saint Jean Chrysostome. Non sans regretter leur vie monastique ils se laissèrent consacrer par lui : Germain devint prêtre, et Cassien diacre.

Le génie oratoire et la beauté de la doctrine de Jean Chrysostome produisirent sur Cassien une ineffaçable impression ; il l'aima également avec le cœur et lui voua, dès lors, un culte de docilité, de vénération et de tendresse qui ne se démentit jamais. Sur la fin de sa vie il aimera dire qu' « il tient de lui tout ce qu'il sait ». Cependant, pris dans les conflits dogmatiques et politiques qui opposaient Théophile au patriarche de Constantinople, Cassien dut prendre la fuite. Il se rendit à Rome et d'après certains témoins, il devint ami du futur pape saint Léon. C'est à Rome également qu'il fut consacré prêtre.

C'est riche d'un tel héritage, porteur des fruits de tant d'expériences et de rencontres qu'il se rendit vers 415 à Marseille pour fonder deux monastères, l'un de moines, l'autre de vierges (Cf. Gennade, *De viris ill.*, c.62).

On lui demanda ensuite de faire profiter cénobites et anachorètes de sa connaissance du monachisme. Il assuma sans hésiter, malgré son goût pour la solitude et le silence, cette mission de père et de maître.

Le rôle de premier plan qu'il tiendra dans les disputes sur la grâce montre sa conscience d'avoir à transmettre ce qu'il a reçu et son souci de fidélité à la tradition. A Augustin, préfigurant Luther, lorsqu'il affirmait que « l'homme ne peut rien sans la grâce de Dieu », il répondra avec les mots d'Athanase : « Ne vous laissez pas effrayer, lorsque vous entendez parler de la vertu, et ne vous faites pas de ce mot un épouvantail. Elle n'est pas loin de nous ; elle ne demeure pas en dehors de nous ; il suffit de vouloir... l'âme a été créée bonne et dans une parfaite droiture, elle se conforme à la nature lorsqu'elle demeure ce qu'elle est... gardons notre âme au Seigneur, comme un dépôt reçu de Lui, afin qu'Il reconnaisse son œuvre, en la voyant telle qu'Il l'a créée » (*Vita Anton*, 20).

Saint Jean Damascène dira plus tard que « la conversion c'est le retour de la nature, de ce qui lui est contraire, vers ce qui lui est propre ». L'homme par lui-même n'est pas incapable de tout bien, remettre en doute la liberté que Dieu lui a donnée, c'est douter du pouvoir du Créateur de créer un « autre que lui-même ».

Cassien se situe bien dans cette tradition qui répétera que l'oiseau « a besoin pour voler de ses deux ailes » ; la grâce et la nature travaillent conjointement à la divinisation de l'homme. Les dernières années de la vie de Cassien furent assombries par les polémiques de saint Prosper, dans son *Contra collatorem*, mais il n'entra pas dans la polémique, préférant la contemplation et le silence. Il mourut vraisemblablement en 435.

Le but de la vie monastique

Cassien remarque qu'en tout art et en toute profession il existe un but que l'on veut atteindre et un chemin à suivre pour y parvenir : « Tout art, toute discipline a son but particulier et une fin qui lui est propre ; quiconque y veut sérieusement exceller se le propose sans cesse, et dans cette vue souffre tous les labeurs, les dangers et les pertes, d'une âme égale et joyeuse » (C.I,2).

Cassien emploie en latin deux mots empruntés au grec : « telos » et « scopos » ; chez les stoïciens « telos » indique la récompense, « scopos » la course dans le stade, mais dans les lexiques on donne généralement le même sens à ces deux mots : le but, la fin.

Pourtant Cassien distinguera ces deux termes, « telos » sera le but final, « scopos » le chemin permettant d'atteindre le but. Pour mieux se faire comprendre, Cassien met dans la bouche d'abba Moïse quelques comparaisons : « Voici le labou-reur : bravant tour à tour les rayons d'un soleil torride, puis les frimas et les glaces, il déchire infatigablement la terre, tourne et retourne, à l'aide de la charrue, la glèbe indocile, fidèle à son but, qui est de la purger de ronces, d'en faire disparaître les mauvaises herbes, et de la rendre, à force de travail, aussi fine et meuble que le sable. Il ne compte pas obtenir autrement sa fin, c'est-à-dire une récolte abondante et de plantureuses moissons, par où il vive désormais à l'abri du besoin ou puisse augmenter son avoir. On le voit encore vider de bon cœur ses greniers remplis de grain, et dans un labeur acharné confier la semence aux sillons ameublis ; la vue des moissons futures le rend insensible à la perte présente. Considérez encore ceux qui commercent, comme ils ne craignent point de courir les hasards de la mer et ne s'effraient d'aucun péril. Sur les ailes de l'espérance, ils volent au grain ; c'est là leur fin.

« Pareillement, ceux qui suivent la carrière des armes. Brûlant d'ambition, le lointain profil des honneurs et de la puissance les rend insensibles aux périls et aux mille morts des longues courses ; souffrances ni guerres du présent ne réussissent à les abattre, au prix des grandeurs qu'ils convoitent d'obtenir » (C. t. 1, p. 79).

Que ce soit chez un laboureur, un commerçant ou un officier, Cassien constate la même attitude : il faut savoir ce qu'on veut avant de faire ce qu'on peut. Dans la vie spirituelle, « notre profession », c'est le même processus qui est à l'œuvre : « Elle aussi a son but et sa fin particulière ; et pour y parvenir, nous souffrons tous les travaux qui s'y rencontrent sans nous laisser rebuter, mieux encore, avec joie ; les jeûnes ni la faim ne nous lassent ; nous trouvons du plaisir aux fatigues des veilles ; l'assiduité à la lecture et à la méditation des Ecritures est pour nous sans dégoût ; le travail incessant, la nudité, la privation de tout, l'horreur même de cette infinie solitude n'ont plus rien qui nous épouvante.

« C'est cette même fin, sans doute, qui vous a fait mépriser l'amour de vos parents, le sol de la patrie, les délices du monde, et traverser tant de pays, pour venir chercher la compagnie de gens faits comme nous sommes, rustres et ignorants, perdus parmi les horizons désolés de ce désert. Quel est, dites-moi, le but, quelle est la fin qui vous provoquent à supporter de si bon cœur toutes ces épreuves ? » (C. t. 1, p. 80).

A cette question de l'abba Moïse, Cassien et Germain finissent par répondre : « C'est le Royaume des cieux. » Pour les anciens, le Royaume, c'est le

Règne de l'Esprit sur toutes nos facultés, « sur la terre comme au ciel », car c'est le même et Unique Esprit qui est en Dieu et qui est dans l'homme. Le Royaume, c'est encore le règne de l'amour dans un être humain, l'amour qui informe les autres facultés et les dirige.

Qu'est-ce qui règne sur nous ? se demandaient souvent les anciens ? Le passé ? nos mémoires ? nos ambitions ? nos remords ? nos désirs ? « Cherchez d'abord le Royaume de Dieu. » Pour voir clair il faut chercher d'abord la lumière, pour voir Dieu il faut chercher d'abord l'amour, car « celui qui demeure dans l'amour demeure en Dieu ». Son Esprit, son énergie règnent alors sur nous. Le Royaume c'est enfin le règne et la puissance du Christ « en tout en tous », c'est l'incarnation de l'amour, la mise en chair de l'Inaccessible lumière.

Mais quel est le chemin vers ce Royaume ? Quel est le « scopos », la méthode pour parvenir à cette fin ? Pour Cassien — et c'est là un thème sur lequel il reviendra souvent —, le « scopos » c'est la purification du cœur ; sans pureté du cœur le règne de Dieu ne peut pas s'établir en nous : « La fin de notre profession, comme nous l'avons dit, consiste en le Royaume de Dieu ou Royaume des cieux, il est vrai ; mais notre but est la pureté du cœur, sans laquelle il est impossible que personne atteigne à cette fin. Arrêtant donc à ce but notre regard, pour y prendre notre direction, nous y courons tout droit, comme par une ligne nettement déterminée. Que si notre pensée s'en éloigne quelque peu, nous y revenons sur-le-champ, et corrigeons par lui nos écarts, comme par le moyen d'une règle. Cette norme, en appelant tous nos efforts à converger vers ce point unique, ne manquera pas de nous avertir aussitôt pour peu que

notre esprit dévie de la direction qu'il se sera
proposée. » (C. t. 1, p. 81).

On retrouve ainsi chez Cassien la distinction
chère à Evagre le Pontique entre gnosis et praktiké.

Le but de la vie chrétienne c'est la « gnosis », la
vision de Dieu, participation à la vie trinitaire, règne
de l'Etre-Amour, le moyen c'est la « praktiké », la
purification des passions et des pensées (« logismoi »), la purification du cœur. « La fin de la
praktiké c'est de purifier l'esprit et le cœur et de les
rendre libres à l'égard des passions » (littéralement à
l'égard des « pathès » — ce mot qui donnera
« pathologie »). Comme chez Evagre, la pureté du
cœur est pour Cassien un état de liberté et de non-
attachement et il se plaît à décrire les difficultés
qu'on peut rencontrer sur ce chemin de libération ;
l'attachement à de toutes petites choses peut être
tout autant une entrave que l'attachement à de
grandes ; on pourrait ajouter que l'attachement à des
choses « subtiles », pratiques spirituelles, doctrines,
sensations célestes, etc., peut être tout autant une
entrave que l'attachement à des choses « grossières »
comme la fortune, la réputation ou une certaine
cuisine.

Ceux qui oublient de garder pur le miroir de leur
cœur, qui s'attachent aux images et aux reflets qui y
passent, ne verront pas la pure lumière, mais la
pureté du cœur n'est jamais acquise « une fois pour
toutes », chaque matin, il s'agit de laver le miroir de
toutes ses empreintes.

« Plusieurs, qui avaient méprisé des fortunes
considérables, sommes énormes d'or et d'argent et
domaines magnifiques, se sont laissé, par après,
émouvoir pour un grattoir, pour un poinçon, pour
une aiguille, pour un roseau à écrire. S'ils eussent
regardé constamment à la pureté du cœur, jamais ils

ne seraient tombés pour des bagatelles, après avoir préféré se dépouiller de biens considérables et précieux, plutôt que d'y trouver le sujet de fautes toutes semblables.

« Il s'en trouve qui sont jaloux d'un manuscrit qu'ils ne sauraient souffrir qu'un autre y jette seulement les yeux ou y porte la main ; et cette rencontre, qui les invitait à gagner en récompense douceur et charité, leur devient une occasion d'impatience et de mort. Après avoir distribué toutes leurs richesses pour l'amour du Christ, ils retiennent leur ancienne passion et la mettent à des futilités, prompts, pour les défendre, à la colère. N'ayant pas la charité dont parle saint Paul, leur vie est frappée de stérilité totale. Le bienheureux Apôtre prévoyait en esprit ce malheur : " Quand je distribuerais tous mes biens pour la nourriture des pauvres et livrerais mon corps aux flammes, si je n'ai la charité, tout ne me sert de rien ", disait-il.

« Preuve évidente que l'on ne touche pas tout d'un coup à la perfection par la seule nudité, le renoncement à toute richesse et le mépris des honneurs, si l'on n'y joint cette charité dont l'Apôtre décrit les membres divers. Or elle n'est que dans la pureté du cœur. Car ne connaître ni l'envie, ni l'enflure, ni la colère ; n'agir point par frivolité ; ne pas chercher son intérêt propre ; ne pas prendre plaisir à l'injustice ; ne tenir point compte du mal et le reste : qu'est-ce autre chose qu'offrir continuellement à Dieu un cœur parfait et très pur, et le garder intact à tout mouvement de passion ? » (C. t. 1, p. 83-84).

Cette quête de la pureté du cœur n'est pas seulement quête du paradis perdu, de l'innocence perdue, retour à l'intégrité de notre véritable nature, c'est bien la quête du Royaume en ce sens où c'est l'amour qui rend pur et qui purifie toutes choses.

Faire quelque chose sans amour, voilà ce qui rend l'homme impur, introduire de l'amour dans tous nos actes, c'est ce qui les transforme et les purifie du dedans, comme le feu, disent les anciens alchimistes — « lorsqu'il a pénétré au cœur du plomb celui-ci devient or » : « La pureté de cœur sera donc le terme unique de nos actions et de nos désirs. C'est pour elle que nous devons embrasser la solitude, souffrir les jeûnes, les veilles, le travail, la nudité, nous adonner à la lecture et à la pratique des autres vertus, n'ayant dessein, par elles, que de rendre et de garder notre cœur invulnérable à toutes passions mauvaises, et de monter, comme par autant de degrés, jusqu'à la perfection de la charité » (C. t. 1, p. 84).

Marthe et Marie

Cassien, après avoir montré quel est le but de la vie monastique, insiste en l'illustrant par l'épisode évangélique qui met en scène Marthe agitée dans son souci de bien servir tandis que sa sœur demeure assise aux pieds de Jésus : « Ce doit être le but premier de nos efforts, l'immuable dessein et la passion constante de notre cœur d'adhérer toujours à Dieu et aux choses divines. Tout ce qui s'éloigne de là, quel que grand qu'il puisse être, ne doit tenir dans notre estime que le second ou même le dernier rang, voire être considéré comme un danger.

« De cet esprit et de cette manière d'agir, l'Evangile nous donne une très belle figure dans la personne de Marthe et Marie.

« C'était un très saint ministère que celui auquel Marthe se dévouait, puisqu'elle servait le Seigneur lui-même et ses disciples. Cependant Marie, attentive seulement à la doctrine spirituelle, demeurait

attachée aux pieds de Jésus, qu'elle couvrait de
baisers et oignait du parfum d'une généreuse confession. Or c'est elle que le Seigneur préfère, parce
qu'elle a choisi la meilleure part, et une part qui ne
saurait lui être enlevée » (C. t. 1, p. 85-86).

Dans des termes proches de ceux d'Evagre, Cassien dira que Marie représente la « gnosis » ou la
« théoria » et Marthe la « praktiké », ce sont deux
sœurs inséparables, « les deux joues d'un même
visage » mais il est nécessaire de rappeler que le but
de la praktiké, le but de l'action c'est la contemplation. C'est cela qui demeure « la meilleure part qui
ne sera pas ôtée ».

Cassien pressent les objections tirées elles aussi de
l'Evangile qu'on pourrait lui apporter : « Quoi
donc ? nous écriâmes-nous, le labeur des jeûnes et
l'assiduité à la lecture, les œuvres de la miséricorde
et de la justice, du dévouement fraternel et de
l'hospitalité : est-ce là un trésor qui nous soit ravi et
ne subsiste point avec ceux qui l'ont créé ? Mais c'est
à quoi le Seigneur lui-même promet le royaume des
cieux en récompense : " Venez, dit-il, les bénis de
mon Père, entrez en possession du royaume qui vous
a été préparé dès l'origine du monde. J'ai eu faim, et
vous m'avez donné à manger ; j'ai eu soif, et vous
m'avez donné à boire " ; et le reste ! Comment
pourrait donc nous être enlevé ce qui nous introduit
au Royaume des cieux ? » (C. t. 1, p. 87).

L'abba interrogé par Cassien répond à cette
objection que l'exercice de ces œuvres disparaîtra
avec cette vie : la praktiké est dans le temps, la
gnosis est dans l'éternité. Nous sommes dans le
temps, pratiquons donc les œuvres en sachant que
notre but n'est pas dans le temps. Le rôle des
contemplatifs est de rappeler qu'il y a dans le monde
autre chose que le monde, que le but de la vie

humaine n'est pas seulement humain. La contemplation est le but et le sens du travail comme le jour du Shabbat est le but et le sens des jours de la semaine.

Ce qui demeure de nos actes présents, c'est la dimension d'amour et de conscience que nous y avons introduite, c'est la part d'éternité, l' « unique nécessaire » qui ne peut nous être enlevé.

Qu'il s'agisse d'action et de contemplation, on ne devrait pas les opposer, ce que Jésus demande à Marthe c'est de l'aimer dans son service, comme Marie l'aime dans sa méditation. Tout ce qu'on fait sans amour est du temps perdu. Tout ce qu'on fait avec amour est de l'éternité retrouvée.

La prière perpétuelle

Pour se maintenir dans cet état de vigilance et d'amour, Cassien à la suite des pères du désert rappelle que nous n'avons pas d'autre moyen que la prière perpétuelle. Prier sans cesse et être pur de cœur sont une seule et même béatitude qui permet de « voir Dieu », c'est-à-dire d'éprouver dans nos limites quelque chose de son amour sans limites. « Toute la fin du moine et la perfection du cœur consistent en une persévérance ininterrompue de prière. Autant qu'il est donné à la fragilité humaine, c'est un effort vers l'immobile tranquillité d'âme et une pureté perpétuelle » (C. t. 2, p. 40).

Cette « tranquillité d'âme » c'est ce que les Grecs appellent l'hésychia, fruit de la prière et de la pureté du cœur.

Pour parvenir à cette prière perpétuelle ou à cet « état de prière », Cassien, comme plus tard les moines de l'Athos, conseille une formule courte, dans laquelle l'esprit peut se recueillir et revenir de sa dispersion : « C'est un secret que les rares survivants des pères du premier âge nous ont appris, et nous ne le livrons de même qu'au petit nombre des âmes qui ont vraiment soif de le connaître. Afin donc de vous tenir toujours dans la pensée de Dieu, vous devrez continuellement vous proposer cette formule de piété :

" Mon Dieu, venez à mon aide ; hâtez-vous, Seigneur, de me secourir ! "

« Ce n'est pas sans raison que ce court verset a été choisi particulièrement de tout le corps des Ecritures. Il exprime tous les sentiments dont la nature humaine est susceptible ; il s'adapte heureusement à tous les états et convient en toutes les sortes de tentations.

« On y trouve l'appel à Dieu contre tous les dangers, une humble et pieuse confession, la vigilance d'une âme toujours en éveil et pénétrée d'une crainte continuelle, la considération de notre fragilité ; il dit aussi la confiance d'être exaucé et l'assurance du secours toujours et partout présent, car celui qui ne cesse d'invoquer son protecteur est bien certain de l'avoir près de soi. C'est la voix de l'amour et de la charité ardents ; c'est le cri de l'âme qui a l'œil ouvert sur les pièges à elle tendus, qui tremble en face de ses ennemis, et se voyant assiégée par eux nuit et jour, confesse qu'elle ne saurait échapper, si son défenseur ne la secourt » (C. t. 2, p. 86).

N'est-ce pas là une belle définition de ce que plus tard on appellera la prière du cœur ?

Cassien parle également de « secret bien gardé » ; n'est-ce pas rappeler que la transmission de l'énergie contenue dans cette courte invocation se fait « de mon cœur à ton cœur », de personne à personne.

En méditant les conférences, nous retrouverions les divers éléments et les divers « signes » qui accompagnent l'expérience approfondie de la prière : larmes, feu, humilité, joie, etc. ainsi que le rappel que ces « signes encore trop sensibles, encore trop conscients » doivent être dépassés car « la prière n'est point parfaite, disait Antoine, où le moine a conscience de soi et connaît qu'il prie ».

Un chemin de joie

Si Cassien parle souvent de repentir et de conscience de ses fautes (cf. le thème du « penthos » chez les Grecs), il insiste également sur la joie des moines ; ce sont des hommes heureux, des « hommes en fête » et c'est dans ce sens également qu'ils ne sont plus du monde qui est « royaume de la tristesse et du désespoir ». Leur royaume à eux est « Joie et Paix dans l'Esprit-Saint » : « Le règne de Dieu, dit l'Evangéliste, ne viendra pas de telle manière qu'on puisse l'apercevoir des yeux. On ne dira point : Il est ici ; Il est là. En vérité je vous le dis, le règne de Dieu est au-dedans de vous. » Or en nous, il ne peut y avoir que la connaissance ou l'ignorance de la vérité et l'amour du vice ou de la vertu ; par quoi nous donnons la royauté de notre cœur, soit au diable, soit au Christ. L'Apôtre, à son tour, décrit ainsi la nature de ce règne : « Le règne de Dieu n'est pas dans le manger ni le boire ; il est justice, paix et joie dans l'Esprit-Saint. »

Si donc le règne de Dieu est au-dedans de nous, et qu'il consiste en la justice, la paix et la joie, quiconque demeure en ces vertus est sans aucun doute dans le royaume de Dieu ; et quiconque vit, au contraire, dans l'injustice, la discorde et la tristesse qui produit la mort est sujet du royaume du diable, de l'enfer, de la mort; puisque c'est à ces marques que l'on discerne les deux royaumes (C. t. 1, p. 91).

Quand il parle de « tranquillité constante et de joie éternelle », Cassien semble craindre qu'on le traite de rêveur, d'utopiste ou pis, qu'on l'accuse d'hédonisme; c'est pourquoi il précise qu'il s'agit là « d'une joie et d'une paix que le monde ne peut donner », ce ne sont pas des euphorisants. Il spécifie à la suite de l'Apôtre qu'il s'agit de la joie dans l'Esprit-Saint, qui est différente de cette joie dont il est écrit « malheur à vous qui riez parce que vous pleurerez ». Cette joie est au-delà des contraires et ne dépend pas de rencontres ou de circonstances favorables. C'est la joie de l'Etre; le rire, la gaieté, la bonne humeur naturelle, ne sont pas encore cette « joie qui surabonde au milieu des tribulations », joie ontologique, ouverture du cœur à une autre conscience.

Cette « tout autre joie », fruit de la prière perpétuelle et de la confiance en Dieu, Cassien nous dit que « nous en sommes capables » et il ne fait en cela que nous rappeler ce qui nous est promis dans les Écritures : « Je veux que vous ayez de la vérité de mes paroles une autre garantie que mes conjectures personnelles, l'autorité du Seigneur lui-même. Ecoutez le dépeindre en traits de lumière la nature et les conditions du monde à venir : " Voici, dit-il, que je crée de nouveaux cieux et une terre nouvelle; les choses anciennes s'effaceront de la mémoire, elles ne revivront plus dans le secret du cœur; mais vous goûterez une joie et une allégresse éternelles dans ce que moi je vais créer "; et, de nouveau : " On y trouvera la joie et l'allégresse, l'action de grâces avec les chants de louange, de mois en mois et de Shabbat en Shabbat "; et, encore une fois : " La joie et l'allégresse seront leur partage, la douleur et le gémissement fuiront. " Si vous désirez plus de clarté encore sur ce que sont la vie et la cité des saints, écoutez ce que dit la voix du Seigneur, s'adressant à la Jérusalem céleste : " Je te donnerai pour visite de jugement la paix, et pour magistrats la justice. D'iniquité jamais plus on n'ouïra parler sur la terre, de ravage ni de ruine dans tes frontières. Le salut sera sur tes murs ; la louange, à tes portes. Pour toi, il n'y aura plus de soleil pour luire durant le jour ; la lune ne t'éclairera plus de sa splendeur : c'est le Seigneur qui te sera une clarté éternelle, ton Dieu qui sera ta gloire. Ton soleil n'aura point désormais de couchant ; et ta lune, point de décroît : mais le Seigneur te sera une clarté éternelle, et c'en sera fini des jours de ton deuil " » (C. t. 1, p. 92).

Le soleil sans couchant, c'est le cœur qui par la prière s'est établi dans l'Amour et, à l'image du Vivant Juste et Miséricordieux, « brille sur les bons et les méchants ». Il connaît la paix (hésychia-quies) de celui qui n'a plus rien d'autre à faire sur cette terre que d'aimer. Pèlerin et voyageur dans les méandres de l'obscur, il se tient dans la clarté et « beaucoup se réjouissent dans sa lumière ».

V

APOPHASE ET PATERNITÉ
DANS LE CHRISTIANISME ANCIEN
ET DANS L'HÉSYCHASME

Mieux vaut dire que Dieu n'existe pas que de projeter dans l'Infini nos manques et nos fantasmes...

« Tout concept formé par l'entendement pour tenter d'atteindre et de cerner la Nature Divine ne parvient qu'à façonner une idole de Dieu, non à Le faire connaître », disait l'évêque Grégoire de Nysse (*Vie de Moïse*, P.G. 44-377) au IVe siècle (330 env. à 395) de notre ère...

Dostoïevski, dans le même esprit, dira qu'un athée est quelquefois plus proche de Dieu qu'un croyant qui ne fait que répéter les idées et les images qu'on lui a enseignées sur Dieu, et qui se dispense ainsi du vertige qu'on éprouve aux bords des abîmes... quand les « réels apparents » cèdent sous l'analyse du psychiatre ou du physicien et que le monde se révèle plus proche du Rien que du Quelque Chose.

Avoir les pieds sur terre aujourd'hui, c'est savoir qu'on pose les pieds sur un Vide qui n'a que les apparences du solide. La démarche apophatique, dans sa lucidité impitoyable, n'ignore rien de tout cela, et pourtant elle ne conduit nullement à l'absurde ou au nihilisme. Au contraire, son lent travail de déconstruction des idées et des idoles la conduit à l'expérience nue du Réel, à la Divinisation sans illusion de l'homme et du Cosmos, à l'enfance intelligente qui joue — étonnée — avec les éléments spatio-temporels de la « Divine Comédie ».

Nous étudierons cette tradition apophatique dans le christianisme ancien et dans ses racines bibliques, pour remarquer qu'il ne s'agit plus alors d'une spéculation de type platonicien : l'apophase y est quelque chose de vécu et les métaphores bibliques du désert et de la nuit, reprises par les mystiques de tous les temps, semblent particulièrement appropriées à cette expérience.

La tradition hésychaste qui affirme à la fois la transcendance de Dieu et la réalité de la participation à sa Vie dans le Christ nous conduira vers les hommes qui incarnent cette tradition : les staretz, les « gérontes » ou « pères spirituels », et leur façon de transmettre à la fois leur « ignorance » (car celui qui dirait « je connais Dieu » est un menteur) et leur expérience (car celui qui dirait « je ne connais pas Dieu » est aussi un menteur).

La paternité spirituelle, à leur école, rayonne d'humilité et de certitude selon une double modalité : celle de la Lumière et celle de l'Amour, car elle se veut à l'image de Dieu dans son mystère insondable : Paternité lavée par l'apophase de tous les anthropomorphismes — Origine sans fond, « Source de toute Lumière et de tout Bien ». Maître Incréé dont les reflets créés ne font jamais oublier le caractère unique et la primauté.

La tradition apophatique

« Nul n'a jamais vu Dieu » (Jn 1, 18), nous dit saint Jean, et saint Paul ajoute que « Dieu habite une Lumière inaccessible que nul d'entre les hommes n'a vu, ni ne peut voir » (I Tm 6, 16). Les premiers siècles chrétiens resteront fidèles à ces paroles des Apôtres et se montreront prudents quand il s'agira de parler de Dieu. Il n'y a pas alors de « théologie » au sens moderne du terme. Le théologien, c'est avant tout « celui qui prie », celui qui célèbre ; il ne fait aucun discours sur Dieu. Il Le chante, il Le loue, participant à la Vie même de l'Esprit et du Fils qui murmurent en lui « Abba — Père ». Mais comme le rappelle saint Justin (100, 165), les termes « Père, Dieu, Créateur, Seigneur... ne sont pas, pour lui, des noms divins : ce sont des appellations tirées de ses bienfaits et de ses œuvres » (Apologie II).

Marcher sur la voie apophatique, c'est avoir le Sens du Symbole. Les noms de Dieu que nous employons (Père, Créateur, etc.) ne Le décrivent pas, ne Le définissent pas, mais L'indiquent et Le désignent de loin.

Le mot Dieu lui-même : *Deus,* en latin, veut dire « Jour Lumineux » ; c'est un Symbole de la Lumière. Cette Lumière qui, si elle rend toute chose visible, n'en demeure pas moins invisible.

Saint Hilaire (315-367) ajoute : « Dieu est invisible, ineffable, infini ; pour le décrire, la parole manque ; l'esprit défaille dans sa recherche ; pour le saisir, l'intelligence ne trouve pas de prise » (*De Trinitate,* II, n° 6).

Si l'apophase rappelle le caractère symbolique du langage, elle va également se forger une langue qui lui est propre où abondent les termes « négatifs » : invisible, ineffable, infini, incréé, inaccessible, c'est-à-dire non visible, non dicible, non fini, non créé, etc.

Ainsi, dira saint Thomas : « De Dieu, on ne peut

pas dire ce qu'il est, mais seulement ce qu'il n'est pas. »

De cette façon, la voie apophatique rappelle la Transcendance de Dieu, son altérité, que ne peuvent saisir ni l'intelligence, ni les sens, ni rien de créé.

S'approcher de Lui, c'est Le découvrir « Tout Autre, d'une Autre Nature ». Son incompréhensibilité n'est pas seulement due aux manques et aux faiblesses de nos instruments de connaissance, c'est sa Nature même.

« De Dieu, il est impossible de dire ce qu'Il est en Lui-même, et il est plus exact d'en parler par le rejet de tout. Il n'est, en effet, rien de ce qui est. Non qu'il ne soit d'aucune manière, mais parce qu'IL EST au-dessus de tout ce qui est, au-dessus de l'être même » (saint Jean Damascène, 749. *De la foi orthodoxe*, I, 4).

Saint Jean Damascène est ici rejoint par un certain nombre de courants théologiques contemporains qui refusent, avec Heidegger, de considérer Dieu comme Etre ou comme Etant. Il serait alors trop lié au sort périssable de la métaphysique et de l'ontologie [1].

Dieu est « plus qu'Etre ». Certains, comme Eckhart ou Bœhme, iront jusqu'à dire que Dieu est « un pur Néant », faisant ainsi du Néant un antérieur et une origine de l'Etre. « L'Etre n'est qu'un infime défaut dans l'infinie pureté du Non-Etre », dira encore Paul Valéry.

Mais les mots, ici, sont piégés. Ils deviendront source d'intrigue et d'inquisition, sinon de logomachie.

Le « Néant » dont parlent les gnostiques, c'est avant tout la « néantisation » au sens de purification de tous nos modes de pensées et d'agir. Dieu est

1. Cf. Jean-Luc Marion, *Dieu sans l'être*, Fayard, 1982.

l'Au-delà de Tout (cf. Grégoire de Naziance), l'Au-delà de l'Etre tel que nous pouvons le penser, le sentir, l'imaginer...

« Nul ne peut voir Dieu sans mourir »... aux catégories et aux modes dans lesquels nous voudrions Le conceptualiser, l' « enfermer », l' « idolâtrer ». Etre réduit à rien, consentir au vide et à l'ignorance, c'est produire en nous la matrice de la vraie connaissance, celle qui fera de nous — selon les termes mêmes de Maître Eckhart — « des mères de Dieu »...

Dès les premiers siècles du christianisme, le « corpus aéropaégitique » propose une synthèse de la voie apophatique. L'influence de ce corpus sera considérable, surtout au Moyen Age.

Saint Jean de la Croix et la mystique carmélitaine seront, eux aussi, fortement influencés par cet auteur inconnu qu'ils avaient coutume d'appeler : Denys l'Aéropagite, disciple de saint Paul et premier évêque d'Athènes. Voici quelques textes significatifs :

Célébrer les négations [...] pour connaître sans voiles cette inconnaissance que dissimule en tout être la connaissance qu'on peut avoir de lui, pour voir ainsi cette ténèbre suressentielle qui dissimule toute la lumière contenue dans les êtres.

(Denys l'Aéropagite, Théologie mystique,
II, P.G. 3, 1025)

S'il arrive que, voyant Dieu, on commente ce qu'on voit, c'est qu'on n'a pas vu Dieu lui-même, mais quelqu'une de ces choses connaissables qui lui doivent l'être. Car en soi il dépasse toute intelligence et toute essence. Il n'existe, de façon suressentielle, et n'est connu, au-delà de toute intellection, qu'en tant qu'il est totalement inconnu et n'existe point. Et c'est cette parfaite inconnaissance, prise au meilleur sens du mot, qui constitue la connaissance vraie de Celui qui dépasse toute connaissance.

(Denys l'Aéropagite, Lettre à Galos, *P.G. 3, 1065*)

Nous disons donc que la Cause universelle, située au-delà de l'univers entier, n'est ni matière [...] ni corps ; qu'elle n'a ni figure, ni forme, ni qualité, ni masse ; qu'elle n'est dans aucun lieu, qu'elle échappe à toute saisie des sens [...]. Nous élevant plus haut, nous disons maintenant que cette Cause n'est ni âme ni intelligence ; [...] qu'on ne peut ni l'exprimer ni la concevoir, qu'elle n'a ni nombre, ni ordre, ni grandeur, ni petitesse, ni égalité, ni inégalité, ni similitude, ni dissimilitude ; qu'elle ne demeure immobile ni ne se meut ; [...] qu'elle n'est ni puissance ni lumière ; qu'elle ne vit ni n'est vie, qu'elle n'est ni essence, ni perpétuité, ni temps ; qu'on ne peut la saisir intelligiblement ; qu'elle n'est ni science, ni vérité, ni royauté, ni sagesse, ni un, ni unité, ni divinité, ni bien ; ni esprit, ni filiation, ni paternité au sens où nous pouvons l'entendre ; ni rien de ce qui est accessible à notre connaissance ni à la connaissance d'aucun être, mais rien non plus de ce qui appartient à l'être ; que personne ne la connaît telle qu'elle est ; [...] qu'elle échappe à tout raisonnement, à toute appellation, à tout savoir ; qu'elle n'est ni ténèbre, ni lumière, ni erreur, ni vérité ; que d'elle on ne peut absolument ni rien affirmer ni rien nier ; que, lorsque nous posons des affirmations et des négociations qui s'appliquent à des réalités inférieures à elle, d'elle-même nous n'affirmons ni ne nions rien : car toute affirmation reste en deçà de la Cause unique et parfaite de toutes choses, car toute négation reste en deçà de la transcendance de Celui qui est dépouillé de tout et se tient au-delà de tout.

(Denys l'Aéropagite, *Théologie mystique,
IV et V, P.G. 3, 1047-1048*)

Retenons quelques-unes de ces phrases antinomiques et paradoxales qui sont le style propre de l'apophase :

— Dieu n'a pas de nom et il a tous les noms.

— Il n'est rien de ce qui est et il est tout ce qui est.

— On ne le connaît que par l'inconnaissance.

— Toute affirmation, comme toute négation, reste en deçà de sa transcendance.

En résumé : « Il est le Mystère qui est au-delà même de Dieu ;

l'Ineffable, celui que tout nomme,

l'affirmation totale,

la négation totale,

l'au-delà de toute affirmation et de toute négation. »

(Noms divins, II, 4, P.G. 3, 641)

La voie apophatique n'est donc pas seulement une théologie négative. La Réalité absolue est au-delà de la négation comme de l'affirmation, c'est-à-dire au-delà du fonctionnement duel de l'esprit : ni ceci ni cela.

L'apophase est ainsi appréhension directe du Réel « tel qu'il EST », sans que l'appareil psychomental entre en fonction, sans qu'il s'y projette et le déforme. C'est voir sans yeux, comprendre sans esprit. Et si ce n'est que le semblable que peut comprendre le semblable, il faut être devenu Dieu pour comprendre QUI est Dieu. N'est-ce pas déjà suggéré par saint Jean dans sa première Epître ? « Nous lui serons semblables puisque nous le verrons tel qu'il est » (Jn I, 3/2).

Les textes de Denys peuvent nous sembler pure spéculation si nous les séparons du contexte existentiel, biblique, dans lequel ils se vivent. Le Dieu de la Bible est en effet un Dieu caché (Is. 45, 15). Il a fait des ténèbres sa retraite (Ps XVII, 12) et on peut interpréter le tétragramme sacré YHWH, le Nom indicible, révélé à Moïse dans le Buisson Ardent comme un refus de se nommer. « Je suis qui je suis » — Va, marche en ma Présence, tu verras qui je suis, qui je serai...

La voie d'ascension apophatique, où l'on s'affranchit graduellement de l'emprise de tout ce qui est connu, est comparée par Denys — après bien d'autres (Grégoire de Nysse) à la montée de Moïse sur le Sinaï à la rencontre de Dieu.

Dépassant le monde où l'on est vu et où l'on voit, Moïse pénètre dans la Ténèbre véritablement mystique de l'inconnaissance : c'est là qu'il fait taire tout savoir positif, qu'il échappe entièrement à toute saisie et à toute vision, car il appartient tout entier à Celui qui est au-delà de tout, car il ne s'appartient plus lui-même ni n'appartient à rien d'étranger, uni par le meilleur de lui-même à Celui qui échappe à toute connaissance, ayant renoncé à tout savoir positif, et grâce à cette inconnaissance même connaissant par-delà toute intelligence » (*Théologie mystique* I-3, P.G. + 3, 1000). (Cf. également : Grégoire de Nysse, *Vie de Moïse,* S.C., p. 81-82.)

Ainsi il est clair que la voie sur laquelle nous invite Denys à la suite de Moïse ne conduit pas au « Rien » mais, à travers le Rien, à l'Union.

Le terme de la voie apophatique, selon Denys, c'est l'Extase, la Béatitude suprême, l'Union au Dieu vivant, que les termes mêmes d'Etre, d'Acte Pur (Aristote), d'Unité (Plotin) ne sauraient nommer.

« Il est beau de parler de Dieu, disait Grégoire de Naziance, il est mieux de se purifier pour Lui. »

La voie apophatique est donc une voie pratique qui conduit à l'extase. Le désert pour les moines, la nuit pour les mystiques, seront les creusets où se réalise l'Union incompréhensible du Créé et de l'Incréé.

Le Christ n'est pas oublié sur ce chemin; il est Lui-même le Chemin, c'est-à-dire Celui en qui se réalise l'union des contraires, l'Unité paradoxale du Divin et de l'humain, du fini et de l'infini, du créé et de l'Incréé. Il est l'archétype dans le temps et dans l'Eternité, de ce qu'est Dieu dans l'homme et de ce qu'est l'homme en Dieu.

« Dans l'humanité du Christ, affirme Denys l'Aéropagite, le Superessentiel s'est manifesté dans l'essence humaine sans cesser d'être caché après cette manifestation ou, pour m'exprimer d'une façon plus divine, au cœur de la manifestation. Il demeure dans le mystère, car le mystère de Jésus est resté caché. Aucune raison, aucune intelligence, n'a pu aller au bout de ce qu'Il est en lui-même. Quoi qu'on dise de Lui, Il demeure indicible et quoi qu'on comprenne, Il demeure inconnaissable. »

(Denys l'Aéropagite,
Lettres III, P.G. 3, 1069 B).

Il est le Maître éternel incarné dans l'Espace et dans le Temps. Il est le Visible et l'Invisible, l'Enseignement du Maître caché.

L'hésychasme

Directement issue de cette tradition apophatique, l'hésychasme sera profondément « christocentrique ». Sans le Christ, en effet, il n'y a pas de divinisation possible. Son incarnation établit la pleine communion entre Dieu et l'homme. « Dieu s'est fait homme pour que l'homme devienne Dieu. »

Dieu s'est fait porteur de la chair (sarcaphore) pour que l'homme devienne porteur de l'Esprit (pneumatophore).

(Athanase d'Alexandrie)

C'est le refrain de toute la patrologie : la présence du Christ dans le monde n'abolit pas l'apophase ; au contraire, elle l'approfondit.

L'incarnation est un mystère plus inconcevable encore que tout autre. En s'incarnant, Dieu ne se fait comprendre qu'en apparaissant encore plus incompréhensible. Il reste caché dans cette manifestation même. Même exprimé, c'est toujours l'inconnu.

(Maxime le Confesseur, Ambigua, *P.G. 91, 1048-1049)*

« L'incarnation du Christ ne dévoile pas le mystère, elle l'approfondit », dira encore Simone Weil. Que Dieu soit incompréhensible, il est raisonnable de l'affirmer, que cet incompréhensible nous aime et s'incarne dans l'espace et le temps, cela dépasse toute raison.

Le Christ unit dans l'amour la réalité créée à la réalité incréée et montre que, par la grâce, les deux ne sont plus qu'une seule chose. Le monde tout entier entre totalement dans le Dieu total et devenant tout ce qu'est Dieu excepté l'identité de nature il reçoit à la place de soi le Dieu total.

(Maxime le Confesseur, P.G. 91, 1308-1309)

La vie chrétienne selon notre engagement baptismal, ce n'est pas seulement suivre un code moral, c'est : « devenir d'autres Christ » ; c'est unir en nous les deux natures, humaines et divines, créées et incréées. Que les deux soient UN « afin que le monde croie ».

Cette union paradoxale qui se réalise dans l'Esprit nous recrée à l'image et à la ressemblance du Fils de Dieu. L'homme retrouve la beauté pour laquelle il fut créé.

Elle conduit aussi les hésychastes à affirmer avec Grégoire Palamas le réalisme de l'expérience de Dieu, tout en continuant à affirmer la Transcendance de Dieu. Cela le conduira à distinguer — sans les séparer — en Dieu : l'Essence et l'Energie.

Puisque l'on peut participer de Dieu et puisque l'essence suressentielle de Dieu est absolument imparticipable, il y a quelque chose entre l'essence imparticipable et les participants qui leur permet de participer de Dieu. Et si tu supprimes ce qui est entre l'imparticipable et les participants — ô quel vide ! — tu nous sépares de Dieu en détruisant le lien et en établissant un grand et infranchissable abîme entre Dieu d'une part, et la création et le gouvernement des créatures de l'autre. Il nous faut alors chercher un autre Dieu qui ne possède pas seulement en lui-même sa propre fin, sa propre énergie et sa propre déification, mais qui soit un Dieu bon — car ainsi il ne lui suffira plus d'exister seulement pour la contemplation de lui-même — non seulement parfait, mais dépassant toute plénitude ; ainsi, en effet, lorsqu'il voudra, dans sa bonté, faire le bien, il le pourra ; il ne sera pas seulement immobile, mais se mettra en mouvement ; il sera ainsi présent pour tous avec ses manifestations et ses énergies créatrices et providentielles. En un mot, il nous faut chercher un Dieu qui soit participable d'une façon ou d'une autre, afin qu'en y participant chacun de nous reçoive, de la façon qui lui est propre et par analogie de participation, l'être, la vie et la déification.

(Triades, *III*, 2, Paragr. 24)

Grégoire Palamas reprend ici la tradition de Denys l'Aéropagite, de Maxime le Confesseur et des grands Cappadociens, tous inspirés de l'Unique Evangile.

On peut dire à la fois en toute vérité et que « les cœurs purs voient Dieu », et que : nul n'a jamais vu Dieu. En effet, ce qui est invisible par nature devient visible par les énergies, apparaissant ainsi autour de sa nature.

(*Grégoire de Nysse*,
6e Homélie sur les Béatitudes, *P.G. 44, 1269*)

Nous affirmons que nous connaissons Dieu dans ses énergies, mais nous ne promettons guère de l'approcher dans son essence même, car son essence reste inaccessible, tandis que les énergies viennent jusqu'à nous.

(*Basile de Césarée*, Lettre 234, *P.G. 32/69*)

Dieu peut être participé en ce qu'il se communique à nous, mais demeure imparticipé selon son essence incommunicable.

(*Maxime le Confesseur, cité par Euthyme Zigabène*,
Panoplie dogmatique 3, *P.G. 130, 143*)

Dieu participé, réellement expérimenté, est en même temps impraticable, toujours au-delà de ce que nous pouvons comprendre ou contenir.

Voilà ce qui comble à la fois le désir et ce qui le creuse à l'infini. Le chrétien n'est jamais arrivé, rassasié. Il demeure un « être de désir », un vivant.

C'est ce qu'exprime bien ce beau texte de Grégoire de Nysse : « La réalité illimitée et qu'on ne peut circonscrire de la divinité reste au-delà de toute saisie. [...] Ainsi le grand David, disposant des ascensions dans son cœur, et s'avançant, " de puissance en puissance " (Ps 83, 6-8), criait pourtant vers Dieu : " Toi, le Très-Haut, tu es dans l'éternité " (Ps 91, 9). Il voulait signifier par là, je pense : dans toute l'éternité du siècle sans fin, celui qui court vers toi devient sans cesse plus grand et s'élève toujours plus haut, en progressant toujours par l'accroissement des grâces, tandis que toi, " tu es le même, tu demeures le Très-Haut pour toujours " (Ps 101, 13). [...] En effet, ce qui est saisi à chaque instant est certes beaucoup plus grand que ce qui l'avait été auparavant, mais comme ce qui est cherché ne comporte pas de limite, le terme de ce qui a été découvert devient pour ceux qui montent le point de départ pour la découverte de réalités plus élevées.

« Ainsi, celui qui monte ne s'arrête jamais, allant de commencement en commencement par des commencements qui n'ont jamais de fin.

« Jamais celui qui monte n'arrête son désir à ce qu'il connaît déjà ; mais s'élevant par un désir plus grand à un autre supérieur encore, il poursuit sa route dans l'infini par des ascensions toujours plus hautes » (Grégoire de Nysse, *8e Homélie sur le Cantique des Cantiques*, P.G. 44, 940-941).

Transmettre une ignorance et transmettre une expérience

L'expérience hésychaste se caractérise par une double affirmation : affirmation de la transcendance de Dieu, de son caractère inaccessible, imparticipable, dans son essence, et affirmation de la proximité de Dieu, de son immanence, de sa présence en chacun de nous, c'est-à-dire de la divinisation réelle de l'homme par les Energies du Verbe et de l'Esprit.

Ces deux affirmations, lorsqu'elles sont vécues, incarnées dans un homme, vont donner à son caractère et à son enseignement des traits bien particuliers. C'est la « physionomie » de ceux que nous appelons les « pères » de l'Eglise ou « pères du désert », staretz ou « gérontes » tels que nous en parle la tradition ou tels que nous les connaissons encore aujourd'hui, à l'Athos ou ailleurs, car il s'agit d'une tradition toujours vivante.

Ces sages sont beaucoup plus humbles que la majorité des hommes parce qu'ils sont plus intelligents. Plus proches de l'infini et de l'incommunicable, ils sont aussi plus conscients de leurs limites et du caractère borné de leurs sciences.

Deux de leurs traits me semblent particulièrement caractéristiques : l'humilité et la certitude !

L'humilité est liée à cette ignorance de la nature divine ou apophase dont nous avons parlé.

La certitude est liée au réalisme de l'expérience de Dieu. Si sa réalité n'est pas ce qu'on peut imaginer ou penser, elle n'en est pas moins brûlante, crucifiante, mais aussi source de Paix et de Joie. La Présence de l'Esprit est quelque chose qu'on peut expérimenter jusque dans sa chair, comme le verra Motovilov auprès du Maître Séraphim.

Si je disais : « Je connais Dieu », je serais un menteur, Dieu est inconnaissable. Mieux vaut me taire et demeurer dans l'humilité.

Si je disais : « Je ne connais pas Dieu », je serais aussi un menteur. Alors comment me taire, comment ne pas affirmer qu'Il existe ?

Cette double attitude se trouve attestée par de

nombreux récits dans ces collections des gestes et des paroles des anciens que nous appelons des « Paterika » ou « Apophtegma Patrum ».

Sur l'humilité d'abord :

> *Un jeune homme vint trouver un père pour être instruit dans la voie de la perfection, mais le vieillard ne disait mot. L'autre lui demande la raison de son silence : « Suis-je donc un supérieur pour te commander ? lui répondit-il. Je ne dirai rien. Fais, si tu le veux, ce que tu me vois faire. »*

Paul Evdokimov commente ainsi cette parole : « Un père spirituel n'est jamais un " directeur de conscience ". Il n'engendre jamais " son " enfant spirituel ; il engendre un enfant de Dieu, adulte et libre. Le disciple reçoit le charisme de l'attention spirituelle, le père reçoit le charisme d'être organe de l'Esprit-Saint. Ici, toute obéissance est obéissance à la volonté du Père céleste, en participant aux actes du Christ obéissant[1]. »

La relation du maître et du disciple devient ainsi analogie, participation dans l'Esprit d'Amour à la relation du Père et du Fils. Obéissance, humilité et don mutuel ne sont pas seulement vertus, mais imitation de la vie divine.

> *Un vieillard disait : « Beaucoup ont accablé leur corps sans discernement et s'en sont allés sans rien trouver. Notre bouche sent mauvais à force de jeûner, nous savons par cœur les Écritures, nous récitons tous les psaumes, mais nous n'avons pas ce que Dieu recherche : l'amour et l'humilité. »*

> *(Apophtegmes,* Série des Dits Anonymes, *90, SO n° 1,*
> *p. 357)*

---

1. Paul Evdokimov, *Témoin de la beauté*, Contacts, 1971, p. 159.

Cette humilité conduit à l'amour qui est le propre du père spirituel. Saint Isaac le Syrien dit à son disciple : « Voici, mon frère, un commandement que je te donne : que la miséricorde l'emporte toujours dans ta balance jusqu'au moment où tu sentiras en toi-même la Miséricorde que Dieu éprouve envers le monde. »

Ou encore : « Saint Paissius le Grand priait pour son disciple qui avait renié le Christ. Et quand il priait, le Seigneur lui apparut et lui dit : " Paissius, pour qui pries-tu ? " Mais le saint ne cessait de prier pour son disciple et alors le Seigneur lui dit : " Paissius, tu t'es assimilé à moi par ton amour ?... " »

Un spirituel, dit saint Grégoire de Naziance, est « dépositaire de la philanthropie divine ». « Son cœur s'enflamme d'amour pour toute créature, même pour les reptiles et les démons » (saint Isaac).

L'abbé Poemen refuse les châtiments et manifeste l'aspect maternel de sa paternité : « Lorsque je vois à l'office un frère qui s'assoupit, je place sa tête sur mes genoux et le laisse reposer. » On disait d'abba Macaire le Grand qu'il devint, selon qu'il est écrit, un dieu terrestre, parce que, comme Dieu protège le monde, ainsi abba Macaire cachait les fautes qu'il voyait comme s'il ne les voyait pas, les fautes qu'il entendait comme s'il ne les entendait pas.

(Cf. Apophtegmes, *Macaire l'Egyptien*, 32, P.G. 65, 273)

« Question : quand l'homme sait-il que son cœur est parvenu à la pureté ? Réponse : lorsqu'il considère que tous les hommes sont bons, et lorsque nul homme ne lui paraît impur et souillé, alors il est vraiment pur en son cœur... »

(Isaac le Syrien, *Traités ascétiques*,
85ᵉ traité, p. 340-341)

Aux caractéristiques de l'humilité et de l'amour qui sont le propre de tout vrai maître spirituel, s'ajoutent — dans l'hésychasme — celle d'une expérience de lumière et de certitude.

Syméon le Nouveau Théologien (917-1022), moine studite, puis abbé au monastère Saint-Mamas, à Constantinople, occupe une place exceptionnelle dans l'histoire de la spiritualité de l'Orient chrétien. Il parlera avec force de son expérience spirituelle et ne craindra pas d'opposer l'événement spirituel de la vie mystique à certaines institutions traditionnelles de l'Eglise. Certaines de ses affirmations semblent contraster avec le sens de l'humilité et de l'apophase dont nous parlions. C'est l'autre versant de l'incompréhensibilité de Dieu.

Inaccessible, dans son amour pour les hommes, il se rend participable. Il divinise celui qui, dans son ignorance, s'en remet à lui. « Celui qui n'a pas connu Dieu dans cette vie, dira saint Syméon, ne le connaîtra pas non plus dans l'autre. » Il insiste sur la nécessité de l'expérience spirituelle, notamment pour celui qui aurait fonction de guider les autres sur la voie.

« Quiconque n'a pas reçu le Baptême de l'Esprit n'est pas né à la vie spirituelle : dans l'ordre de la grâce, il est inexistant, incapable de tout et surtout d'engendrer des enfants spirituels, n'étant pas engendré lui-même. »

(*Vie par Nicetas Stétathos*, I Hausherr, LXX)

La vraie prière

Les Occidentaux de culture catholique seront
étonnés de la place accordée au corps et à l'expérience sensible. Pour l'hésychasme, en effet, contrai-
rement aux tendances dualistes de l'hellénisme, la
matière et le corps ne sont pas à mépriser, mais à
transfigurer. Le corps n'est pas le « tombeau de
l'âme » mais, comme le dit saint Paul, le « temple de
l'Esprit ».

L'Evangile n'oppose pas l'esprit et la matière ou
l'âme et le corps, mais le surnaturel incréé et le
monde créé — l'esprit humain est tout aussi radicalement différent de Dieu que le corps, mais Dieu, en
accordant sa grâce, sauve l'homme tout entier.

Depuis l'Incarnation, nos corps sont devenus
« réceptacles de l'Esprit-Saint » (I Cor. VI, 19) et
c'est là, dans nos corps, que nous devons manifester
la Gloire de Dieu. Les sacrements, et plus particulièrement l'Eucharistie, ont pour but, non seulement
de nous guérir, mais de nous rendre participants de
la nature humano-divine du Christ :

Et saint Syméon le Nouveau Théologien pourra
dire : « Celui qui communie à la grâce divine et
théurgique n'est plus seul, mais tout en Toi, ô
Christ... Par moi-même je ne suis que paille, mais —
ô miracle — je me sens soudain embrasé comme
jadis le Buisson ardent de Moïse... Tu m'as accordé,
Seigneur, que ce temple corruptible s'unisse à ta
sainte chair, que mon sang se mêle au tien et
désormais je suis ton membre transparent et translu-
cide » (95, Discours).

Cette expérience de l'Esprit dans le corps, c'est
l'expérience du Thabor, là où la lumière incréée s'est
rendue visible dans le corps du Christ. Les apôtres

ne bénéficièrent de cette vision que de l'extérieur parce que le Christ n'était pas encore mort et ressuscité. Mais aujourd'hui c'est à l'intérieur de nous, non plus à l'extérieur, que nous pouvons découvrir la lumière du Mont Thabor.

> *Comment n'illuminerait-il pas ceux qui communient dignement au rayon divin de son corps qui est en nous, en éclairant leur être comme il illuminera les corps mêmes des disciples sur le Thabor? Car alors ce corps, source de la lumière et de la grâce, n'était pas encore uni à nos corps : il illuminait du dehors ceux qui approchaient dignement et envoyait l'illumination à l'âme par l'intermédiaire des yeux sensibles : mais aujourd'hui, puisqu'il est confondu avec nous et existe en nous, il illumine l'âme justement de l'intérieur.*

(Grégoire Palamas, *Triades*, t. 3, 38, p. 192)

L'expérience de la Transfiguration ou la vision de la lumière incréée est un élément caractéristique des grands spirituels orthodoxes. Mais comment se transmet cette expérience? Dans l'humilité et dans l'amour, mais aussi avec toute la force de la certitude. C'est ce dont témoigne Motovilov, ce philosophe du siècle dernier, lorsqu'il vint consulter le grand staretz Séraphim de Sarov (1759-1833) et lui demanda : «Comment peut-on avoir la certitude d'être dans l'Esprit de Dieu; comment pourrais-je reconnaître en moi-même de façon sûre sa manifestation? »

Le moine Séraphim ne répond pas par un discours. Il le fait participer à son expérience, il partage avec lui la lumière. La transmission de la connaissance est ici : entrée, participation à une Présence qui enveloppe l'âme et le corps.

Voici un extrait des « Entretiens de saint Séraphim » [1] :

Mon ami, nous sommes tous les deux en ce moment dans l'Esprit de Dieu... Pourquoi ne voulez-vous pas me regarder ?

— Je ne peux pas vous regarder, mon Père, répondis-je, vos yeux projettent des éclairs ; votre visage est devenu plus éblouissant que le soleil et j'ai mal aux yeux en vous regardant.

— Ne craignez rien, dit-il, en ce moment vous êtes devenu aussi clair que moi. Vous êtes aussi à présent dans la plénitude de l'Esprit de Dieu ; autrement, vous ne pourriez me voir tel que vous me voyez.

Et, penché vers moi, il me dit tout bas à l'oreille :

— Rendez donc grâce au Seigneur Dieu pour sa bonté infinie envers nous. Comme vous l'avez remarqué, je n'ai même pas fait le signe de croix ; il a suffi seulement que j'eusse prié Dieu en pensée, dans mon cœur, disant intérieurement : Seigneur, rends-le digne de voir clairement de ses yeux corporels cette descente de ton Esprit, dont Tu favorises tes serviteurs, lorsque Tu daignes leur apparaître dans la lumière magnifique de ta gloire. Et comme vous le voyez, mon ami, le Seigneur exauça immédiatement cette prière de l'humble Séraphim... Combien devons-nous en être reconnaissants à Dieu pour ce don ineffable accordé à nous deux ! Même les pères du désert n'ont pas toujours eu de telles manifestations de sa bonté. C'est que la grâce de Dieu — telle une mère pleine de tendresse envers ses enfants — daigna consoler votre cœur meurtri, par l'intercession de la Mère de Dieu Elle-même... Pourquoi donc, mon ami, ne voulez-vous pas me regarder droit en face ? Regardez franchement, sans crainte : le Seigneur est avec nous...

Encouragé par ces paroles, je regardai et fus saisi d'une

---

1. In *Théologie mystique de l'Eglise d'Orient*, p. 226-227, trad. Vladimir Lossky.

frayeur pieuse. Imaginez-vous au milieu du soleil, dans l'éclat de ses rayons éblouissants de midi, la face de l'homme qui vous parle. Vous voyez le mouvement de ses lèvres, l'expression changeante de ses yeux, vous entendez sa voix, vous sentez ses mains qui vous tiennent par les épaules, mais vous ne voyez ni ses mains, ni le corps de votre interlocuteur — rien que la lumière resplendissante qui se propage loin, à quelques toises à l'entour, éclairant par son éclat le pré couvert de neige et les flocons blancs qui ne cessent de tomber...

— *Qu'est-ce que vous ressentez ?* me demanda le Père Séraphim.

— *Un bien-être infini,* dis-je.

— *Mais quel genre de bien-être ? En quoi précisément ?*

— *Je sens,* répondis-je, *une telle tranquillité, une telle paix dans mon âme, que je ne trouve pas de paroles pour l'exprimer.*

— *C'est, mon ami, la paix dont parlait le Seigneur, lorsqu'il dit à ses disciples :* « *Je vous donne ma paix* » *; la paix que le monde ne peut pas donner... ;* « *la paix qui surpasse toute intelligence* ». *Que sentez-vous encore ?*

— *Une joie infinie dans mon cœur.*

Et le Père Séraphim continua :

— *Quand l'Esprit de Dieu descend sur l'homme et l'enveloppe dans la plénitude de sa présence, alors l'âme déborde d'une joie indicible car l'Esprit-Saint remplit de joie toutes les choses auxquelles Il touche... Si les prémices de la joie future remplissent déjà notre âme d'une telle douceur, d'une telle allégresse, que dirons-nous de la joie qui attend dans le Royaume céleste tous ceux qui pleurent ici sur la terre ? Vous aussi, mon ami, vous avez pleuré au cours de votre vie terrestre, mais voyez la joie que le Seigneur vous envoie pour vous consoler dès ici-bas.*

Alors, cette joie que nous ressentons en ce moment, partielle et brève, apparaîtra dans toute sa plénitude, en comblant notre être de délices ineffables que personne ne pourra nous ravir.

Vladimir Lossky ajoute que ce récit — dans sa simplicité — contient toutes les doctrines des pères orientaux sur la « Gnose » : « Conscience de la Grâce qui atteint son degré extrême dans la vision de la Lumière Divine. » Expérience de la Transfiguration et de la Résurrection de la Chair.

Participation dans l'espace et le temps à « la vie du siècle à venir », le « père spirituel » ne transmet pas seulement la « Résurrection de la Chair » comme un article du Credo « qu'il faut croire », mais comme une Gnose vécue et partagée dans la grâce de la Rencontre, pur don de Celui qui est Miséricorde. Pour saint Séraphim, cette expérience n'a rien d'extraordinaire. Elle est « naturellement surnaturelle ». Elle devrait être celle de tous les chrétiens. Car le Seigneur a dit : « Cherchez d'abord le Royaume et tout le reste vous sera donné par surcroît. »

Le Royaume, c'est l'Esprit-Saint. Tout cela est enseigné par l'Ecriture, et saint Séraphim ajoute : « Des passages de l'Ecriture Sainte nous paraissent étrangers aujourd'hui... Peut-on admettre que les hommes puissent voir Dieu d'une manière aussi concrète ?... Nous nous sommes éloignés de la simplicité primitive de la Communauté chrétienne. Sous prétexte de " lumières ", nous nous sommes engagés dans une obscurité d'ignorance telle qu'aujourd'hui nous trouvons inconcevable tout ce dont les anciens avaient une notion assez claire pour pouvoir parler entre eux des manifestations de Dieu aux hommes comme des choses connues et nullement étranges. »

(Op. cit., p. 228-229).

Dans ce contexte, transmettre la connaissance, c'est donner sa vie, partager la lumière. C'est être

« père » au sens propre du terme. Engendrer l'autre
à l'Unique Filiation qui nous habite tous et dans le
Fils Unique, devenir « Un de la Trinité ».

Dieu seul est Maître. Dieu seul est Père.

L'Evangile le dit : « N'appelez personne Maître,
personne Père. » Toute paternité est participation à
la Paternité de Dieu. Cette paternité n'est qu'un
reflet de l'incompréhensible amour et de la lumière
inaccessible de Celui qui est « plus qu'être ». L'apophase, le sens du mystère conduit le spirituel à
l'humilité et en même temps à la transfiguration de
tout son être dans la lumière et dans l'amour.

VI

LA VOIE DU PÈLERIN

Les *Récits du Pèlerin russe* ont paru en 1884 à Kazan, sous la plume d'un auteur anonyme. Certains, derrière ce récit d'apparence naïve, devinent un véritable enseignement, transmettant de façon simple la tradition de l'hésychasme.

Nous aussi comme ce paysan russe, nous sommes pèlerins, en marche, « en chemin, vers quel éveil » ? De passage sur la terre il nous faut découvrir le sens de cette marche et de cette fatigue qui parfois nous assaille, à tel ou tel tournant. Peut-être sommes-nous comme lui déçus par les mots, ils nous font miroiter un trésor, il est à notre portée et en même temps on ne peut l'atteindre.

Le pèlerin allait d'église en église, de sermon en sermon, de conférence en conférence. On lui a bien précisé que Dieu était lumière, claire, pure lumière et que connaître Dieu c'est s'éveiller à cette lumière « qui éclaire tout homme venant en ce monde ».

Bien, mais « je ne vois pas clair, l'esprit est embrouillé, le mental agité, comment connaître la vraie lumière ? » On lui a bien répété que Dieu était Amour, Trinité, Relation de personnes, sans confusion, sans séparation, et que « Celui qui demeure dans l'amour demeure en Dieu et Dieu demeure en lui ». C'est magnifique, splendide, il suffit d'aimer... Mais « comment » aimer ? « J'ai le mot amour sur les lèvres, je n'en ai pas le goût dans le cœur, je ne supporte pas mon voisin, j'aime ceux qui m'aiment sans doute, mais ceux qui me calomnient ? ceux qui ne me prêtent nulle attention ? Aimer ses ennemis, oui, être amour comme l'émeraude est verte, faire " briller son soleil sur les bons comme sur les méchants " oui, mais comment ? »

On lui a dit encore que Dieu était la Vie, le grand Souffle qui anime tout l'univers, « par lui tout existe et sans lui rien n'existe ». Il n'est pas seulement cette vie mortelle victime un jour ou l'autre des lois de l'entropie, non Il est la vie éternelle, la vie incréée qui ne passe pas. Le pèlerin s'émerveille, mais son corps lui fait mal, il se sent fragile, il suffirait d'un rien, glisser, peut-être, pour que glissent et disparaissent avec lui les grandes, les belles idées sur le non-né, le non-créé, qui ne naît ni ne meurt. Dieu est vie éternelle, mais « comment » le savoir quand on est dans le temps ? comment être délivré de la peur, de l'angoisse ? être certain que tout cela n'est pas rêve, que la puissance de la résurrection est déjà à l'œuvre dans mes profondeurs, comment être certain que je ne mourrai jamais ?

Auprès des moines le pèlerin a entendu parler du but de la vie humaine : la théosis ou « divinisation », on lui a répété à la suite des anciens que « Dieu s'est fait homme pour que l'homme devienne Dieu... Dieu s'est fait sarcophore (porteur de la chair) pour que l'homme devienne pneumatophore (porteur de l'Esprit).

De nouveau il s'est émerveillé, on lui a bien précisé que Dieu, imparticipable dans son essence, se laissait participer dans ses énergies et que la divinisation était participation à ces énergies incréées que les disciples avaient vu ruisseler du corps terrestre de Jésus lors de la transfiguration.

Le but de la vie humaine, c'est de connaître cela, « devenir participant de la nature divine » comme le dit saint Pierre. Mais « comment » ? Il faut acquérir le Saint-Esprit, c'est le Saint-Esprit qui nous rend semblable au fils et dans le fils nous devenons un avec le Père. On lui cite saint Irénée : « Dieu le Père, nous façonne de ses deux mains, le fils et l'Esprit, c'est à travers eux qu'il se rend connaissable. » Le pèlerin veut bien y croire, pourtant il aimerait « voir », « sentir », « goûter » afin que cette participation ne soit pas seulement une immense nostalgie. Alors on lui dit : « il faut prier », il faut même « prier sans cesse » et tu comprendras.

« J'ai entendu beaucoup d'excellents sermons sur la prière mais ils étaient tous des instructions sur la prière en général : ce qu'est la prière, pourquoi il est nécessaire de prier, quels sont les fruits de la prière. Mais comment arriver à prier véritablement. Là-dessus on ne me disait rien. J'entendis un sermon sur la prière en esprit et sur la prière perpétuelle ; mais on ne m'indiquait pas comment parvenir à cette prière... ainsi la fréquentation des sermons ne m'avait pas donné ce que je désirais. Je cessai donc d'aller aux prêches et je décidai de chercher avec l'aide de Dieu un homme savant et expérimenté qui m'expliquerait ce mystère puisque c'était là que mon esprit était invinciblement attiré. »

Ainsi ce n'était plus le temps des discours et des conférences, il s'agissait pour lui de trouver un homme « savant et expérimenté ». Pas seulement un savant : il manquerait la force du témoignage et la transmission de l'énergie, pas seulement un homme expérimenté : il m'enfermerait dans son expérience et n'aurait pas le discernement pour me conseiller au point où j'en suis sur le chemin. C'est la conjonction de la science et de l'expérience qui fait « le staretz » c'est-à-dire le « maître » ou le « père spirituel ».

Vient un moment dans notre vie où nous ne pouvons plus nous contenter d'idées générales, nous avons besoin d'être guidés concrètement, suivis, dans le déroulement de nos expériences. Dans la tradition hésychaste comme dans toutes les grandes traditions, on insiste sur cette transmission de personne à personne, « de mon cœur à ton cœur ». Le miroir dans lequel nous pouvons discerner la qualité ou l'illusion de nos actes, ce n'est pas une loi ou une règle mais une personne. L'intelligence et l'amour de Dieu se médiatisent dans le regard du staretz dont la science nous éclaire et l'expérience nous réconforte.

Le pèlerin va donc chercher un guide, un père spirituel, afin de découvrir en lui le fils Unique tourné dans l'Esprit vers « le Seul qui est Père »... Il le rencontrera dans un de ces monastères qui fleurissent en Russie à la fin du XIXᵉ siècle, comme à Optimo où se rendirent, parmi d'autres laïcs en quête d'orientation spirituelle, un Gogol, un Dostoïevski, un Khorniakov, un Soloviev, un Léon Tolstoï...

« Le sénateur, la pauvre paysanne, l'étudiant apparaissaient également aux yeux de l'ancien comme des patients qui nécessitaient une médecine spirituelle... Certains lui demandaient : devaient-ils marier leur fille ou leur fils ? accepter une fonction, déménager pour chercher du travail ?... Une paysanne sollicitait un conseil sur la manière de nourrir

ses dindons... et il les reçut. Devant l'étonnement de
son entourage, le staretz répondit : toute sa vie est
dans ses dindons [1]... »

Toute la vie du pèlerin était désormais dans cette
question : « Comment prier sans cesse ? » Le staretz
ne lui fit pas de longs discours, après lui avoir
rappelé que la sagesse et la science humaine ne
suffisent pas pour acquérir le don de Dieu, c'est
plutôt la douceur et l'humilité du cœur qui nous
disposent à le recevoir. Il l'invita à une pratique.

Cette pratique, s'il l'a expérimentée, il ne l'a pas
lui-même inventée, il transmet ce que lui-même a
reçu. La méthode qu'il préconise est celle attribuée à
Syméon le Nouveau Théologien, dans le livre où
sont consignées les subtilités de cet « art des arts »
qu'est la prière : la philocalie. Il faut remarquer au
passage que pour les anciens, la prière est un art plus
qu'une technique, c'est dire qu'il s'agit « d'une
méditation qui a un cœur ».

Philocalie veut dire littéralement « amour de la
Beauté » ; la prière est l'art par lequel on s'unit à
l'ultime Beauté dont la nature, les corps ou les
visages sont les reflets. Prier, c'est aller du reflet à la
lumière ou revenir de la lumière en la vénérant dans
ses reflets. Si l'on voulait résumer en quelques mots
la méthode que le staretz enseigne au pèlerin, on
pourrait dire : « Assieds-toi », « tais-toi »,
« demeure seul », « respire plus doucement », « fais
descendre ton intelligence dans le cœur », « sur la
respiration invoque le Nom », « laisse les pensées »,
« sois patient et répète souvent cet exercice ».

On retrouve les éléments essentiels de la méthode
hésychaste :

---

1. S. Tchetvenikoff, *L'Ermitage d'Optimo*, en russe, Paris, 1926,
trad. Meyendorff.

l'assise, le silence, la solitude, la respiration,
le centre du cœur, l'invocation, la répétition.

« Demeure assis dans le silence et dans la solitude, incline la tête, ferme les yeux, respire plus
doucement, regarde par l'imagination dans ton
cœur, rassemble ton intelligence, c'est-à-dire ta
pensée, de la tête dans ton cœur. Dis sur la
respiration : " Seigneur Jésus-Christ, ayez pitié de
moi " à voix basse, ou simplement en esprit.
Efforce-toi de chasser toutes pensées, sois patient
et répète souvent cet exercice. »

Comme les paroles reçues par Arsène, cet enseignement peut être interprété à différents niveaux.

— « Assieds-toi. » Cela concerne d'abord la
posture, l'attitude juste, « la posture qui exclut
l'imposture » (mais il ne s'agit pas d'entrer dans
un moule, il n'y a pas de méditation « prêt-à-
porter ») ; être ni crispé ni avachi, dans une attitude de repos et en même temps de vigilance...
C'est la posture de la bien-aimée dans le Cantique
des Cantiques : « Je dors mais mon cœur veille ».

La façon juste de s'asseoir est celle qui nous
permet de rester le plus longtemps possible immobile et sans fatigue, l'immobilité du corps favori-
sant celle de l'esprit, même si dans un premier
temps celui-ci s'agite, d'où l'importance de persévérer dans cette immobilité.

— « Assieds-toi », au niveau psychologique,
cela veut dire « retrouve ton assise », « sois dans
une attitude de stabilité et d'équilibre » ; en français il y a cette expression « être dans son
assiette » qui désigne bien l'état d'une personne
en harmonie avec elle-même.

— Dans un sens plus spirituel, l'assise c'est ce
que saint Jean apelle la « Demeure », apprendre à
Demeurer en Dieu, « Demeurer en lui comme lui

demeure en nous ». Demeurer en son Amour, avoir son assise, son siège, sa racine en Lui, en tout temps et en tous lieux...

— « Tais-toi. » Silence des lèvres, silence du cœur, silence de l'esprit, trois degrés où, de silence en silence on s'approche du silence infini de la Présence.

— « Respire plus doucement. » Il ne s'agit pas de maîtriser sa respiration ni de la mesurer, mais plutôt de l'accompagner, de la calmer, de l'adoucir... on connaît mieux aujourd'hui l'influence de la respiration sur le psychisme, l'attention au souffle est un sûr moyen de concentration, on pense différemment quand le souffle est calme et profond ; par ailleurs dans un moment de suspension de la respiration la pensée est également « suspendue », on goûte un certain silence. D'où vient notre souffle, où retourne notre souffle ? Etre attentif à l' « inspir » et à l' « expir » peut déjà nous emmener très loin, mais pour la tradition hésychaste l'attention au souffle est vraiment un exercice spirituel. Le souffle, c'est la Ruah, l'haleine de Dieu, le pneuma, le Souffle du Père, que nous traduisons en français par Esprit-Saint. Respirer profondément, respirer plus doucement c'est s'approcher de l'Esprit de Dieu, et à un certain moment se sentir inspiré, expiré par lui. On peut se sentir comme porté par les grandes vagues du Vivant : « Il donne son souffle à toutes choses et elles vivent... Il retire son souffle et elles retournent à la poussière. »

— « Regarde par l'imagination à l'intérieur de ton cœur. » Généralement, dans la tradition hésychaste, on se méfie plutôt de l'imagination.

Grégoire le Sinaïte par exemple est soucieux de préserver ses disciples de toutes représentations imaginaires : « Amant de Dieu, sois bien attentif.

Lorsque, occupé à ton œuvre, tu vois une lumière ou un feu, en toi-même ou au-dehors, ou la soi-disant image du Christ, des anges ou des saints, ne l'accepte pas, tu risquerais d'en pâtir. Ne permets pas non plus à ton esprit d'en forger. Toutes ces formations extérieures intempestives ont pour effet d'égarer l'âme. Le vrai principe de la prière, c'est la chaleur du cœur qui consume les passions, produit dans l'âme la gaieté et la joie et conforme le cœur dans un amour sûr et un sentiment de plénitude indubitable. »

Simone Weil disait que « l'imagination sert à boucher les trous par où passerait la grâce ». Nous avons de la difficulté à supporter le vide, le désert, et nous le peuplons de mirages.

« Ce que recherchent les moines, ce n'est pas un état subjectif particulier, mais un contact objectif dont les effets, chaleur du cœur, gaieté, sentiment de plénitude, sont réels mais essentiellement différents des sentiments subjectifs qui leur correspondent, puisqu'ils manifestent la présence effective de Dieu et non pas un état d'âme[1]. » Néanmoins certains moines contemporains utiliseront l'imagination comme moyen de se rendre présent à Dieu, par exemple ce staretz de l'Athos qui demandait à un novice qui éprouvait des difficultés à sentir le Christ présent dans le cœur, de l'imaginer sur un petit banc, qu'il prendrait soin de toujours poser à côté de lui pendant la prière. Le jeune novice, qui jusqu'alors n'arrivait pas à prier, put facilement se représenter Jésus assis à côté de lui et le temps de l'oraison passait à lui parler, à l'écouter. Le staretz lui avait bien demandé de ne pas se distraire dans des détails ou de chercher à voir son visage, mais par

---

1. Jean Meyendorff, *Saint Grégoire Palamas*, Seuil, p. 71.

l'imagination simplement goûter sa présence. Quelques-uns racontent que le jeune homme, suite à un
empoisonnement, devint gravement malade ; un soir
on le retrouva le visage serein, non pas normalement
allongé sur sa couche, mais appuyé sur le petit banc.
Il était mort.

Dans l'enseignement du staretz au pèlerin, la force
de l'imagination est dirigée vers le cœur ; pourquoi
chercher au-dehors celui qui au-dedans — quoique
cette notion de dedans et de dehors demande à être
relativisée —, n'est-il pas Celui qui remplit tout ?
L'important c'est de se fixer un lieu où semble se
recueillir sa présence. Pour les hésychastes, le lieu
privilégié, le « lieu de Dieu » c'est le cœur.

« Aie un cœur et tu seras sauvé. » Avoir un cœur
ce n'est pas seulement se centrer sur une partie du
corps, c'est une certaine façon d'être, de voir, de
respirer avec le cœur. Le propre du cœur c'est de
tutoyer toutes choses, de vivre non pas dans un
monde d'objets, mais dans un monde de présences.
La prière hésychaste a pour but cet éveil du cœur,
cette sensibilité à la présence de Dieu en toutes
choses, et cette présence fait de toutes choses non des
phénomènes au sens habituel de ce terme, mais de
véritables « épiphanies », manifestations du Dieu
inaccessible. La prière de Grégoire de Naziance
exprime bien cet état du cœur éveillé quand il dit :
« O Toi, l'Au-delà de Tout. »

« Toi » — sensation d'intimité, de présence, et
« Au-delà de tout », sens de l'altérité, de l'Autreté
radicale de Celui auquel il s'adresse. Le cœur
reconnaît l'Inconnu dans le proche, et la proximité
de l'Au-delà, sens de l'Immanence et de la Transcendance.

Avoir un cœur, c'est être centré, sortir de la
dispersion du mental, des pensées qui vont et qui

viennent. Le cœur a une fonction d'intégration de la personnalité — intégrer la fonction vitale et la fonction intellectuelle —, d'où cette expérience « faire descendre l'intellect dans le cœur », le pacifier, le centrer, faire du cœur l'organe même de la conscience, une conscience non ratiocinante, plus intuitive qu'analytique, perception globale des êtres et des choses dans leur caractère à la fois fugace et éternel, perception aimante qui permet de mieux « voir » ce qui est. Par cette « descente » de l'esprit dans le cœur qui n'est pas un mouvement spatio-temporel, mais un acte d'intégration, une façon de centrer la pensée, de cordialiser sa conscience, nous nous rapprochons du cœur du Christ et de son regard « non juge » sur tout ceux qu'Il rencontrait.

A cette « descente » de l'esprit nous pourrions ajouter la « remontée de l'énergie vitale » dans le cœur, qu'il s'agisse de la pulsion génitale ou d'une autre pulsion. Le cœur est cette faculté qui va transformer l'élan aveugle de la pulsion en énergie d'amour, la dimension animale de l'homme n'est pas niée mais c'est dans le cœur qu'elle se personnalise, l'homme n'est pas qu'un animal doué de raison, c'est aussi un animal capable d'amour, c'est-à-dire capable de respect, et c'est dans le cœur que la libido accède à cette dimension. Si le cœur est absent, l'amour n'est que le frottement de deux épidermes, une extase douloureuse de caniches, il n'est pas rencontre de personnes.

Dans cette attitude d'assise silencieuse, d'attention au souffle et de présence au cœur, le staretz demande au pèlerin d'invoquer le Nom de Jésus. « Dis sur la respiration : Seigneur Jésus Christ, ayez pitié de moi. »

Si nous répétons cette formule en français nous risquons d'en altérer le son et le sens. Le « Kyrie eleison » que répètent les moines de l'Athos a une autre qualité sonore et vibratoire que le « Seigneur aie pitié » en français. On sait l'importance que les anciens attribuaient au Son, le climat qu'il peut induire dans une personne, que ce soit le chant grégorien ou le chant byzantin ; ils observaient la puissance des chants sacrés traditionnels par lesquels Dieu, pensaient-ils, peut transmettre son énergie et opérer la transformation de l'homme. On n'apprend pas à chanter dans un livre ; d'où l'importance, de nouveau, de l'initiation qui seule peut nous donner le son ou le ton « juste » de l'invocation.

Qu'on observe seulement la différence d'état dans lequel on peut se trouver après avoir répété mille fois « Kyrie eleison » ou « Seigneur prends pitié »... Par ailleurs, la traduction française du Kyrie eleison par « Seigneur prends pitié », si elle est bien exacte quant aux termes, n'en altère-t-elle pas le sens plénier ? Le mot pitié en français a pris une nuance légèrement péjorative — « il me fait pitié » dit-on avec commisération et il nous arrive de refuser la pitié de quelqu'un, signe d'orgueil ou de présomption ou plus encore d'impuissance à aimer : « Je ne veux pas de votre pitié. » La pitié de Dieu pour les anciens c'est l'Esprit-Saint, le Don de son Amour. « Seigneur aie pitié », cela veut dire : « Toi qui es, envoie sur moi, sur tous, ton Souffle, ton Esprit, et tout sera renouvelé, que ta Miséricorde, ta Bonté soit sur moi, sur tous, ne regarde pas mon impuissance à t'aimer, à respirer en toi, fais refleurir mon désir, change mon cœur de pierre en cœur de chair... »

Au « Kyrie eleison », on ajoute généralement le Nom de Jésus, Jésus-Christ fils de Dieu. Les pères insistent beaucoup sur l'importance du Nom de Jésus dans la prière, parce que c'est la présence

même du « Théanthropos », du Dieu homme qui
s'approche ainsi de nous ; nous réalisons que Dieu
n'est pas sans l'homme et que l'homme n'est pas
sans Dieu, Dieu et l'homme en lui sont indissolu-
blement unis « sans confusion et sans séparation ».

A l'intérieur même de cette invocation du Nom
de Jésus il peut y avoir une progression. On peut
d'abord invoquer Jésus comme personnage historique, « Jésus de Nazareth », puis comme notre
maître dont les enseignements transmis à travers
les générations nous guident et nous éclairent
encore aujourd'hui.

On peut s'adresser à lui encore comme Manifestation de Dieu, incarnation de sa Parole,
comme « Jésus-Christ », celui qui porte l'onction
(christos) du Vivant, son Fils bien-aimé qui
incarne en gestes et en paroles d'humanité
l'Amour incompréhensible. Jésus n'est plus alors
considéré comme un maître du passé, mais
comme mon maître intérieur, comme une présence intime qui m'ouvre sans cesse le cœur et
l'intelligence, qui m'évite de m'enfermer dans mes
limites et mes jugements. Je l'appelle comme la
soif appelle la Source, je l'invoque et c'est creuser
le puits vers les eaux vives...

Je peux l'invoquer enfin comme le Logos, « par
lui tout existe et sans lui, Rien ». Par cette invocation je m'approche de la Lumière et de la Vie
« qui éclairent tout homme » (pas seulement les
chrétiens). Je tente de m'unir à cette intelligence
créatrice qui informe tout ce qui existe, je tente
de rejoindre « l'Amour qui fait tourner la terre, le
cœur humain et les autres étoiles ».

Maître historique, maître intérieur ou Maître
Eternel, Jésus se rend présent par son Nom et

« en lui, avec lui, par lui » j'entre dans l'intimité de la Source. « Là où je suis, je veux que vous soyez aussi », « le Père et moi nous sommes Un ».

L'invocation du Nom peut se faire à voix basse, ou simplement en esprit, sans doute ne faut-il pas être trop pressé de « prier en esprit » ; on est frappé du temps passé en prière « orale » chez les anciens (comme dans la tradition juive d'ailleurs). C'est sans doute là un des moyens les plus efficaces de parvenir à un vrai silence de la pensée.

Les derniers mots du staretz c'est : « Sois patient et répète souvent cet exercice ».

L'artiste doit être patient, il doit répéter long-temps ses gammes avant de se laisser aller à l'inspiration. Beaucoup aimeraient être des « artistes tout de suite » sans prendre le temps, parfois long et ennuyeux, de faire des gammes... Dans le domaine de la prière, combien de novices se prennent pour des « inspirés » quand le nom de Jésus n'est même pas encore inscrit de façon habituelle sur le rythme de leur respiration ou de leur cœur ! Les présomp-tions dans le domaine de la prière sont sans doute plus fréquentes parce que plus difficilement vérifia-bles, pourtant l'oreille d'un staretz est particulière-ment attentive à reconnaître ces « fausses notes » que sont l'inflation, le manque de discrétion, de ceux qui se croient devenus en quelques années de « grands spirituels », c'est souvent l'épreuve qui révèle le ridicule de leur prétention. Une petite blessure à leur amour-propre et que reste-t-il de leur « immense sérénité » ? Le staretz insiste également sur la répétition. D'un point de vue psychologique, on sait déjà l'effet apaisant que peut avoir la répétition d'un acte simple, arrive un moment où l'acte se fait « tout seul », sans fatigue...

Il propose au pèlerin un « entraînement » progressif, trois mille invocations par jour, puis six mille, puis douze mille... on peut être choqué de cet aspect « quantitatif », le staretz nous rappelle que la qualité de la prière ne dépend pas de nous, c'est Dieu qui la donne, mais la quantité c'est ce que nous pouvons offrir à Dieu, « c'est le temps que tu passes pour ta rose qui rend ta rose si précieuse ». La quantité c'est ce qui relève de notre nature, de notre effort, elle ne provoque pas la grâce, elle n'en est pas la cause, mais elle nous met dans les conditions optimales de non-distraction pour accueillir l'Ange quand Il passe...

La prière doit être fréquente, car la perfection et la correction de notre prière ne dépendent pas de nous, comme le dit encore l'apôtre Paul : « Nous ne savons pas ce qu'il faut demander (Rm 8, 26). Seule la fréquence a été laissée en notre pouvoir comme moyen pour atteindre la pureté qui est la mère de tout bien spirituel » (*Récits du Pèlerin russe*, p. 28).

Les premiers effets de cette répétition incessante ne sont pas des plus agréables ; lorsqu'on laisse entrer une lumière dans une chambre obscure cette lumière nous révèle tout ce qui est caché ou désordonné dans cette chambre. Le premier effet de la lumière, après l'éblouissement initial, c'est de nous révéler notre ombre. Si nous restions dans l'éblouissement le travail ne se ferait pas, la chambre du cœur ne serait pas transformée. Nous préférons parfois les éblouissements à la lumière pour ne pas changer...

« Pendant une semaine, je m'exerçai dans la solitude de mon jardin à l'étude de la prière intérieure, en suivant exactement les conseils du staretz. Au début tout semblait aller bien. Puis je ressentis une grande lourdeur, de la paresse, de l'ennui, un sommeil insurmontable, et les pensées s'abattirent sur moi comme les nuages. J'allai vers le staretz plein de chagrin et lui exposai mon état, il me reçut avec bonté et me dit :

« — Frère bien-aimé, c'est la lutte que mène contre toi le monde obscur, car il n'est rien qu'il redoute tant que la prière du cœur. Il essaye de te gêner et de te donner du dégoût pour la prière. Mais l'ennemi n'agit que selon la volonté et la permission de Dieu, dans la mesure où cela nous est nécessaire. Il faut sans doute que ton humilité soit encore mise à l'épreuve : il est trop tôt pour atteindre par un zèle excessif au seuil même du cœur, car tu risquerais de tomber dans l'avarice spirituelle. » Graf Dürckheim, parmi les critères de ce qu'il appelle une authentique expérience de l'Etre, note l' « intervention de l'ennemi » avec tout ce qu'elle peut avoir de réalisme : « Curieusement, l'expérience de l'Etre ne manque jamais de faire apparaître son ennemi. Partout où se manifeste l'Etre essentiel, surgit le monde antagoniste. L'ennemi est une puissance qui contrecarre ou détruit la vie voulue par Dieu. Plus l'orientation vers le surnaturel est nette, plus est déterminé l'engagement de l'homme à son service, plus sûrement il trouve devant lui l'ennemi acharné à l'écarter de la voie juste. Ce n'est pas une pieuse légende, mais une donnée d'expérience qui ne peut s'expliquer logiquement. Dès qu'un homme a reçu la grâce d'une expérience de l'Etre, quelque chose vient troubler, dans les heures qui suivent, l'état de béatitude où l'avait transporté l'expérience qui le libère et l'engage. Il ne s'agit pas d'une compensation psychologique qui, par loi d'équilibre, fait suivre la joie débordante par une dépression ou l'état de tristesse par une exubérance que les circonstances ne justifient pas. »

Shâtan (Satan) en hébreu veut dire l'obstacle ; en

même temps que s'éveille notre désir d'union avec le
Christ ou avec Dieu se réveille ce qui fait obstacle, ce
qui veut empêcher cette union. Dans la pensée
judéo-chrétienne le Shâtan n'est pas un dieu en face
de Dieu, la puissance du mal et des ténèbres qui
s'opposerait comme dans les schémas dualistes à la
puissance du bien et de la lumière. Shâtan est une
créature, dont la fonction est de nous éprouver, de
nous tenter, afin de nous rendre plus fort ou
simplement pour nous permettre de prendre conscience de notre degré de foi et de confiance en Dieu.

« Sans les démons et les embûches qu'ils mettent
sur notre route, nous ne pourrions pas faire de
progrès », disaient les anciens pères du désert.

« L'ennemi du genre humain » est encore appelé
dans le Livre de l'Apocalypse « l'Accusateur de nos
frères ». Le jour où il n'y a plus d'accusateur en
nous, on pourrait dire de « culpabilisateur », pour
nous juger nous-mêmes ou pour juger nos frères,
c'est le signe que nous sommes « délivrés du Mauvais », et que peut commencer en nous le règne de
Celui que Grégoire de Nysse appelait « l'Ami du
genre humain ». Le staretz remarque également le
risque d' « avarice spirituelle », saint Jean de la
Croix parlait, lui, de la « gourmandise spirituelle »
des commençants ; dans un cas comme dans l'autre
il s'agit d'une certaine façon de s'approprier le don
de Dieu, de transformer en avoir ce qui ne peut
demeurer que dans l'ordre de l'être. L'Autre n'est
pas « chose » que l'on possède, à moins de le réduire
à l'état d'objet, seul son souvenir nous appartient, le
novice risque de prendre le souvenir ou la pensée de
Dieu pour Dieu même. L'émotion qui peut s'éveiller
en présence de celui qu'on aime est moins impor-
tante que sa présence ; le pèlerin, à cette étape de son
chemin, apprend à se détacher de ses émotions, de

ses sensations, de ses pensées, pour ne pas les idolâtrer. Tout ce que nous pouvons expérimenter de Dieu est de l'ordre de l'écho, sa voix demeure « de l'autre côté de la montagne ».

Bientôt le staretz va mourir, après l'avoir pleuré, le pèlerin va découvrir sa présence à l'intérieur de lui-même, quand il sera en difficulté il l'interrogera au coucher du soleil, et le staretz viendra l'enseigner en rêve, sa présence continuera à le guider, il est devenu dans l'inconscient du pèlerin comme « l'archétype du vieux sage » qu'on peut consulter aux moments où un désir ou une nécessité intense se fait sentir.

La Bible et la philocalie que citait sans cesse le staretz vont demeurer les seuls compagnons du pèlerin et il continuera ainsi à prendre soin de vérifier l'authenticité de ses expériences dans le miroir de la tradition. Pas à pas, la prière fait en lui son chemin, comme Abraham le pèlerin « marche en Présence de Dieu », et le fait de se tenir en sa Présence, de revenir sans cesse à lui par l'invocation, le transforme et l'achemine vers sa Plénitude. Le chrétien n'est pas un homme meilleur que les autres, ni plus intelligent ni plus aimant, seulement il marche avec quelqu'un, il se tient en sa Présence, c'est cette présence plus que ses propres efforts qui le transforme.

Dans un couple on dit que l'homme et la femme, en vieillissant, finissent par se ressembler, à vivre ainsi par la prière dans la proximité de Dieu, on finit par lui ressembler : on devient ce qu'on aime.

« Voilà comment je vais maintenant, disant sans cesse la prière de Jésus, qui m'est plus chère et plus douce que tout au monde. Parfois je fais plus de soixante-dix verstes en un jour et je ne sens pas que je vais ; je sens seulement que je dis la prière. Quand un poids violent me saisit, je récite la prière avec plus d'attention et bientôt je suis tout réchauffé. Si la faim devient trop forte, j'invoque plus souvent le nom de Jésus-Christ et je ne me rappelle plus avoir eu faim. Si je me sens malade et que mon dos ou mes jambes me fassent mal, je me concentre dans la prière et je ne sens plus la douleur.

« Lorsque quelqu'un m'offense, je ne pense qu'à la bienfaisante prière de Jésus, aussitôt colère ou peine disparaissent et j'oublie tout. Je suis devenu un peu bizarre, je n'ai souci de rien, rien ne m'occupe, rien de ce qui est extérieur ne me retient, je voudrais être toujours dans la solitude ; par habitude, je n'ai qu'un seul besoin : réciter sans cesse la prière, et quand je le fais, je deviens tout gai. Dieu sait ce qui se fait en moi. Naturellement, ce ne sont là que des impressions sensibles ou, comme disait le staretz, l'effet de la nature et d'une habitude acquise ; mais je n'ose encore me mettre à l'étude de la prière à l'intérieur du cœur... »

Certains en lisant ce récit pourront penser que la prière est une sorte d'auto-hypnose, ou une drogue psychique, qui rend insensible à la faim, à la soif, à la douleur et aux insultes. Le pèlerin ne dit-il pas lui-même qu'il est devenu un peu « bizarre ». Avec discernement il remarque que tous ces effets, un peu magiques et merveilleux, sont le résultat d'une bonne concentration, « l'effet de la nature et d'une habitude acquise » ; il n'y a rien à proprement parler de « surnaturel », dans le sens d' « expérience de la grâce », dans tout cela. Il remarque que ce n'est pas encore « la prière spirituelle à l'intérieur ». Tous ces effets ne sont pas à rechercher pour eux-mêmes, ils arrivent, et comme tout ce qui arrive, cela partira. Sans s'y attacher, les traverser, ne pas les rejeter non plus, ne pas avoir peur de devenir un peu « bizarre » et de se sentir « dans ce monde mais pas de ce monde », s'éveiller ainsi à une autre conscience, et relativiser ce monde spatio-temporel dans lequel nous avons pris l'habitude de vivre sensiblement et rationnellement et qui apparaît alors comme un « monde » parmi d'autres, un plan ou un niveau parmi d'autres plans ou d'autres niveaux de la Réalité Une.

A côté de ces phénomènes plus ou moins extraordinaires, la prière du cœur produit également un certain nombre d'effets que le pratiquant doit être capable de reconnaître sans s'en inquiéter : « Une certaine douleur au cœur », lorsqu'il ne s'agit pas des prémices de l'infarctus, cela peut être le signe que le cœur est en train de s'ouvrir, de se rendre perméable au « tout autre amour », et cela ne va pas sans une « certaine blessure » dont les mystiques d'Occident parlent également, particulièrement saint Jean de la Croix :

> *O vive flamme d'amour*
> *qui blesse tendrement*
> *le centre profond de mon âme*
> *....*
>
> *O brûlure suave*
> *plaie délicieuse*
> *main légère, toucher délicat*
> *qui a goût de vie éternelle...*

Touche substantielle de Dieu dans la substance de l'âme, *o mane blanda ! o toque delicado !*

Le langage du pèlerin est moins précieux mais son expérience n'est pas sans résonance avec celle de Jean de la Croix — il parlera lui aussi après la douleur d'une « tiédeur agréable et d'un sentiment de consolation et de paix ». Dieu blesse et guérit dans le même instant, il abaisse et il relève, il enténèbre et il illumine. Ainsi le voyage du pèlerin est surtout intérieur, il visite toutes les émotions, les expériences que peut vivre un être humain, les plus agréables comme les plus désagréables, « rien d'humain ne lui est étranger » et pourtant en tout cela il demeure un « passant », ne pas s'arrêter dans l'extase, ne pas se complaire dans la souffrance, tel est le chemin : « Soyez passant » — chaleur, bouillonnement, légèreté, joie, larmes, autant de manifestations sensibles qui attestent la « Présence innombrable » du Vivant en lui, mais plus important que ces manifestations, il y a la « compréhension des Ecritures » et l'expérience de la Transfiguration :

« A cette époque, je lisais aussi ma Bible et je sentais que je commençais à la mieux comprendre ; j'y trouvais moins de passages obscurs. Les pères ont raison de dire que la philocalie est la clé qui découvre les mystères ensevelis dans l'Ecriture. Sous sa direction, je commençais à comprendre le sens caché de la Parole de Dieu ; je découvrais ce que signifient " l'homme intérieur au fond du cœur, la prière véritable, l'adoration en esprit, le Royaume à l'intérieur de nous, l'intercession de l'Esprit-Saint " ; je comprenais le sens de ces paroles : " Vous êtes en moi, donne-moi ton cœur, être revêtu du Christ, les fiançailles de l'Esprit dans nos cœurs, l'invocation Abba Père [1] " et bien d'autres. Quand en même temps je priais au fond du cœur, tout ce qui m'entourait m'apparaissait sous un aspect ravissant : les arbres, les herbes, les oiseaux, la terre, l'air, la lumière, tous semblaient me dire qu'ils existent

---

1. Cf. Pierre, 3,4 ; Jean, 4,23 ; Luc, 17,21 ; Rom., 8,26 ; Jean, 15,4 ; Prov., 23,26 ; Rom., 13,14 et Gal., 3,27 ; Apoc., 22,26 ; Rom. 8,15-16.

pour l'homme, qu'ils témoignent de l'amour de Dieu pour l'homme ; tout priait, tout chantait gloire à Dieu ! Je comprenais ainsi ce que la philocalie appelle " la connaissance du langage de la création ", et je voyais comment il est possible de converser avec les créatures de Dieu » (*Récits du Pèlerin russe*, p. 56-57).

L'expérience de la Transfiguration à côté de l'expérience de l'humble amour est une des caractéristiques fondamentales de la vie hésychaste ; au Mont Athos à la suite de Grégoire Palamas, on insiste beaucoup sur le réalisme de cette expérience qui est le gage de notre résurrection, participation à la lumière incréée. M. Kazantzakis remarque que notre tendance est « d'humaniser Dieu, alors qu'il faudrait déifier l'homme » et déifier tout l'homme. Un exemple pris à l'histoire de l'art peut nous faire comprendre ce que peut être « la perte de la théologie des énergies divines dans le monde occidental ». Le corps du Christ et celui des saints étaient représentés autrefois dans la mandorle, ils étaient tout entiers nimbés de lumière, puis cette lumière se transforma en auréole autour du visage, pour finir en galette ou en petite soucoupe au-dessus de la tête du Christ et des saints, comme si la grâce s'était retirée du corps de l'homme, ne se manifestait plus dans son corps, mais planait comme une petite nébuleuse au-dessus de sa tête.

Le pèlerin voit le monde transfiguré, c'est-à-dire que se révèle à lui « la flamme des choses » ; le monde n'a pas changé, ce sont ses yeux qui par la prière se sont ouverts et sont devenus capables de voir « la gloire de YHWH » dans le corps du monde. La gloire de Dieu dans la pensée judéo-chrétienne évoque une expérience de poids, de densité lumineuse ; pour nous souvent la gloire n'est que la

renommée, traduction sans doute de la « dignitas »
des Romains, le pouvoir d'une « apparence », alors
que la gloire d'un être pour un Sémite c'est sa réalité
fondamentale. « La terre et les cieux racontent la
gloire de Dieu » (Ps 19,2). C'est dire que l'Incréé est
présent dans le créé, le Dieu inaccessible est présent
dans le monde à travers ses énergies. Nous avons
perdu la vision du « corps énergétique » de la terre,
nous ne voyons que son corps matériel. Le pèlerin,
par la vibration de son cœur éveillé par l'invocation,
a de nouveau accès à cette vision, qui fut celle de
Moïse lorsqu'il regardait le Buisson — « Il vit la
flamme dans le buisson » et dans la flamme la voix
de l'Autre qui dit « Je Suis ». — Le buisson, la
flamme, « Je Suis », n'est-ce pas l'expérience, dans
un même regard, de la nature, de l'énergie et de
l'essence transcendante à sa manifestation ? N'est-ce
pas également l'expérience des disciples au jour de la
Transfiguration ; la liturgie byzantine nous dit que
leurs yeux devinrent capables de le voir « Tel qu'Il
est » : dans son corps physique, dans son corps de
lumière, dans sa relation avec l'Etre qui affirme
« Voici mon fils », ce qu'on peut traduire en langage
métaphysique : voici ma manifestation, mon énergie. Les apôtres contemplent alors « le visible de
l'Invisible », ils entendent « le Nom de l'Innommable », ils touchent ou plutôt ils sont touchés par
« Celui qui demeure dans une lumière inaccessible. » A sa mesure le pèlerin russe entre dans cette
expérience de la transfiguration qui est le but de la
méditation hésychaste. Enfin, il est heureux et
quelque chose de son bonheur vient jusqu'à nous :
« Ce bonheur n'illuminait pas seulement l'intérieur
de mon âme ; le monde extérieur aussi m'apparaissait sous un aspect ravissant, tout m'appelait à
aimer et à louer Dieu ; les hommes, les arbres, les

plantes, les bêtes, tout m'était familier, et partout je trouvais l'image du Nom de Jésus-Christ, parfois je me sentais si léger que je croyais n'avoir plus de corps et flotter doucement dans l'air ; parfois je rentrais entièrement en moi-même, je voyais clairement mon intérieur et j'admirais l'édifice admirable du corps humain. »

Nous sommes ici en présence d'une spiritualité qui n'est pas désincarnée et dont le problème n'est pas « comment sortir de ce bas monde et de ce corps de pourriture ? » mais « comment laisser descendre la flamme de la Pentecôte dans tous les éléments de notre univers périssable, comment hâter la Transfiguration du monde ? ».

La prière du cœur appelle sur tous les deux grandes « Energies » ou manifestations du Père Un. « Viens Seigneur Jésus », « Envoie ton Esprit, que se renouvelle la terre ! ».

La voie du pèlerin ne s'oppose pas aux préoccupations sociales et au désir de justice de l'homme contemporain, elle rappelle seulement qu'un changement de société sans un changement du cœur de l'homme est à plus ou moins long terme voué à l'échec, et le cœur de l'homme ne peut changer que s'il se sent au moins une fois aimé, infiniment aimé, et s'il consent à cet Amour qui peut le délivrer de sa vanité et de ses volontés de puissance, parce qu'il a trouvé son poids de lumière. Rayon d'énergie égaré dans la matière il se sait rattaché avec tous les autres à un « Unique soleil ». Il s'agit alors de marcher, de demeurer pèlerin, « d'introduire dans l'opacité de la nuit l'allant du Jour »...

VII

L'INVOCATION DU NOM
DANS TROIS GRANDES
TRADITIONS SPIRITUELLES
DE L'HUMANITÉ

Mettre en résonance l'Invocation du Nom dans le christianisme et l'Invocation du Nom dans les grandes traditions spirituelles de l'humanité ce n'est pas du syncrétisme, c'est rappeler l'unité du genre humain. Ce qui est vrai dans une tradition doit se retrouver sous des formes et des nuances qui lui sont propres dans les autres traditions, sinon ce serait une « pauvre vérité » : « Vérité en deçà des Pyrénées, erreur au-delà »... Cela ne veut pas dire qu'il faille mélanger les méthodes, cela serait manquer de discernement et de respect à l'égard des contextes théologiques et anthropologiques dans lesquels elles ont été élaborées. Ici comme ailleurs, « l'enracinement et l'ouverture » sont nécessaires.

Les considérer comme « hérétiques » ce serait manquer au premier commandement qui est de confesser la Présence, dans toutes les créatures, de l'Unique Créateur, cette Présence se révélant à des degrés divers qu'il ne nous est pas possible de mesurer ou de juger sans se prendre soi-même pour Dieu. Mieux vaut reconnaître, comme le faisaient les anciens, la présence du « Logos qui éclaire tout homme venant en ce monde », les « sperma théou », les semences de Dieu qui se frayent un chemin de lumière à travers les opacités et les duretés du cœur humain.

Plutôt que de relativiser la valeur unique de la méthode d'oraison hésychaste, les grandes traditions spirituelles de l'humanité la confirment, comme une des formes les plus actuelles par lesquelles l'infini désir de l'homme tend à rejoindre l'infini Réel, qui peut l'apaiser et lui communiquer la Joie.

I. L'INVOCATION DU NOM DANS L'HINDOUISME

1. *Les théories fondamentales de l'hindouisme*

Selon Jean Herbert, les théories fondamentales de l'hindouisme se ramènent à un petit nombre de propositions que l'on pourrait définir comme suit :

1) la vérité profonde, nouménale, est sensiblement différente de l'image que nous permettent de nous faire de l'univers nos perceptions sensorielles, même interprétées avec toutes les ressources de notre intellect.

2) Partant de l'image que nous fournissent les apparences, nous nous rapprochons d'autant plus de la vérité profonde que nous nous écartons davantage de la conscience de la multiplicité pour nous élever vers la conscience de l'unité.

3) L'apparition de l'univers résulte de la manifestation de l'Un sous l'apparence de la multiplicité.

4) Le monde des polarités, c'est-à-dire la conscience de la multiplicité dans laquelle nous vivons actuellement, est une conception imparfaite de la Vérité profonde ; en un certain sens, elle participe

par conséquent à sa nature et en tout cas nous sert de tremplin pour y parvenir.

5) La totalité profonde doit englober la totalité non seulement de ce qui est, mais encore de ce qui n'entre pas dans les catégories de l'existence. Elle ne peut entrer dans les polarités.

6) L'âme de l'homme est identique à la totalité. L'homme est capable de parvenir, par des disciplines appropriées, à réaliser cette identité, et le but de toute vie est précisément de réaliser cette conscience de la vérité profonde.

7) Jusqu'à ce que l'âme soit parvenue à cette conscience, elle est obligée de s'incarner, c'est-à-dire de passer — ou de croire qu'elle passe — par une succession d'états dont les principaux sont limités par une naissance et par une mort. On peut donc dire que le but de la vie est d'échapper à cette chaîne sempiternelle des réincarnations.

8) Chaque incarnation est la conséquence de celles qui l'ont précédée et détermine dans une certaine mesure celles qui la suivent.

9) Chaque incarnation a donc des caractères qui l'individualisent; elle diffère des autres par les possibilités qu'elle offre et les devoirs qu'elle impose.

10) Toute âme arrivera finalement à la réalisation de la vérité profonde, ce qu'on appelle libération. Cette libération peut être conçue comme une union (avec un Dieu personnel), comme l'unité, comme la conscience de la non-dualité ou comme un état de conscience qui dépasse l'unité comme la multiplicité.

Il faudra se souvenir de ces dix points lorsque nous aborderons l'étude du Japa-Yoga : répétition mentale d'un Son ou Invocation d'un Nom. On ne peut ignorer les présupposés théologiques et philosophiques de cette technique. En la retirant de son contexte (l'hindouisme), on ne peut que la déformer et certains rapprochements quant à l'attitude et à la méthode avec l'hésychasme peuvent prêter à confusion. D'abord il convient de rappeler l'importance du Verbe et ce qu'est un mantra dans la tradition hindoue, puis la signification que recouvre l'Invocation du Nom dans le bhakti yoga.

2. *Le Logos, le Nom et le Son dans la pratique du Yoga*

a) Importance du Verbe et du son dans la tradition hindoue

La théorie de la création par le Verbe occupe une place prépondérante dans l'hindouisme. Dès le Véda, la parole *(vāk)* sacrée et transcendante est conçue comme la force qui génère, soutient et détruit le cosmos. De la période la plus archaïque jusqu'aux ultimes spéculations tantriques, la Parole apparaît comme le mode de la genèse du monde et renvoie à la cosmogénie comme la règle qui l'ordonne et le soutient, et renvoie aux mantras, moyens de libération du devenir.

Le véhicule de la Révélation peut être soit une langue vulgaire — dans ce cas seul le sens importe au détriment du support formel —, soit une langue sacrée — dans ce cas la langue inclut une origine non humaine, décelable dans la structure de la langue elle-même, qui fait de la grammaire une discipline spirituelle, des phonèmes un support symbolique des vérités métaphysiques, de la forme même des lettres et de la valeur numérique qu'elles possèdent un support plastique de méditation ou une combinaison relevant des mathématiques sacrées.

Les écoles inspirées des Upanishads ont tiré de là un enseignement très élevé sur le son *(shabda)* et la parole. Le son et la parole découlent de la Parole éternelle, ils sont liés à elle, soutenus par elle; ils sont aptes à la contenir partiellement. Par le son et la parole utilisés comme voie de libération, on peut donc re-communier à la Parole éternelle, se réunir à Elle; cette Parole éternelle est, finalement, silence au-delà du silence.

Un pareil enseignement, comme toujours en Inde, a subi une minutieuse élaboration et s'est entouré d'une ascèse adaptée. Il constitue la voie que ses adeptes appellent le Shabda Yoga, le Yoga des sons mystiques.

b) Le mantra

L'étymologie du mot *mantra* se réfère à la racine « man », penser, à laquelle s'adjoint le suffixe « tra », qui sert à former des mots désignant des instruments ou des objets. Littéralement, le mantra est un instrument de pensée. Il ne s'agit pas de la pensée ordinaire, conceptuelle, discriminatrice, liée au monde empirique et à la dualité sujet-objet, mais d'une forme plus haute, unifiante et libératrice de la conscience.

Shri Aurobindo écrit : « La théorie du mantra est que c'est un mot né des profondeurs secrètes de notre être où il a été couvé par une conscience plus profonde que la conscience mentale éveillée et enfin projeté au-dehors silencieusement ou par la voix — le mot silencieux considéré comme plus puissant peut-être que le mot parlé — précisément pour un but de création. Le mantra peut non seulement créer en nous-mêmes de nouveaux états

subjectifs, modifier notre être psychique, révéler
une connaissance et des facultés que nous ne
connaissions pas auparavant, il peut non seulement
produire des résultats semblables dans d'autres
esprits que celui qui le prononce, mais encore il peut
produire dans l'atmosphère mentale et vitale des
vibrations qui ont pour effet des actions et même
l'apparition de formes matérielles sur le plan physique. L'emploi védique du mantra n'est qu'une
utilisation consciente de cette puissance secrète du
Verbe [1]. »

Dès la période védique, la récitation des strophes
du Véda est partie intégrante des rites sacrificiels,
conjuratoires, nuptiaux, initiatiques, etc., qui ordon-
nent l'existence de l'Hindou.

L'aspect le plus spécifique du mantra est celui qui
trouve son plein développement dans le tantrisme
hindou ou bouddhique, lequel mérite son appellation de voie des mantras *(santrayana),* car quelle que
soit l'importance de l'iconographie ou des visualisa-
tions méditatives, le mantra est la forme matérielle
de la divinité à un degré d'excellence que l'image
n'atteint pas. Si les mantras tantriques continuent à
exister parfois en phrases, et ce sont alors les
mālamantras, ou mantras en guirlande, ils sont le plus
souvent constitués par des phonèmes ou des syl-
labes.

« Celui qui ne connaît pas la Syllabe qui est le
séjour de tous les dieux dans l'espace suprême, que
pourra-t-il faire avec l'hymne ? » (Rig Véda I, 164,
39).

Ces phonèmes sont « la forme sonore et effica-
cement utilisable par l'adepte, de tel ou tel

---

1. Shri Aurobindo, in « Trois Upanishads », cité par J. Herbert, *Spiritualité hindoue,* p. 452.

aspect de l'énergie[1] » et sont justement appelés de ce fait « germes » *(bīja)*. Les plus simples sont les lettres mêmes de l'alphabet sanscrit dont chacune est porteuse de sens efficace et utilisée comme telle.

c) Le mantra AUM (OM̄)

Le symbole essentiel du Brahman, le mantra fondamental, *mulamantra,* qui précède tout autre mantra, inaugure les textes religieux, ouvre et clôt les récitations sacrées, qui est le son primordial, la source même de la parole, c'est « AUM ».

« Harih om ! om. Le Verbe est tout ceci — ce qui a existé, ce qui existe —, ce qui existera —, tout est réellement om ; et encore, ce qui outrepasse la triple conception du temps, assurément, est om » dit à sa première ligne la Māndūkya Upanishad.

On a donné une infinité d'explications symboliques de ce mantra. En voici quelques-unes : « Ces trois lettres A, U, M, prononcées ensemble AUM, peuvent fort bien être le symbole d'ensemble de tous les sons possibles. La lettre A est le son le moins différencié de tous ; c'est pour cela que Krishna dit dans la Gîta : « Parmi les lettres, je suis A (Bhagavad Gîta X, 33). De plus tous les sons articulés sont produits dans la cavité buccale, entre la racine de la langue et les lèvres. Le son guttural est A et M est le dernier son labial, le U (prononcé « ou ») représente exactement le mouvement vers l'avant de la force qui débute à la racine de la langue et vient finir sur les lèvres. Lorsqu'il est prononcé correctement,

1. André Padoux, *Recherches sur le symbolisme et l'énergie de la parole dans certains textes tantriques,* De Bocard, Paris, 1975.

cet AUM représente tout le phénomène de la pro-
duction du son, ce que ne peut faire aucun autre
son [1]. »

« L'A représente l'état grossier, l'U l'état subtil,
l'M l'état causal et l'M se fondant peu à peu
l'absolu [2]. »

L'importance de ce mot sacré ne saurait être
mieux montrée que par quelques citations des
Écritures :

« De tous les êtres, la terre est l'essence ; de la
terre, les eaux sont l'essence ; des eaux, les plantes
sont l'essence ; des plantes, l'homme est l'essence ; de
l'homme, la parole est l'essence ; de la parole, la
strophe védique *(rig)* est l'essence ; de la strophe, la
mélodie *(sāman)* est l'essence ; de la mélodie, l'essence est l'udgîtha (partie principale de la mélodie) ;
la syllabe AUM est l'Udgîtha » (Chândogya Upanishad, I, 1,1-2).

« Le but que proclament tous les védas, que visent
toutes les austérités *(tapasaya),* pour la réalisation
duquel on pratique le brahmacharya, je te le dis
brièvement, c'est AUM » (Katha Upanishad, II,
15).

« AUM est l'arc, le MOI *(atman)* est la flèche et
l'on dit que Brahman est le but » (Dhyanabindu
Upanishad 15 ; Mundaka Upanishad II, 2,4).

Même des chrétiens ont leur interprétation :
« Parce que AUM est un son unique composé de
trois éléments il est apte à exprimer, dans un
symbole audible, le mystère d'une Essence identique
en Trois hypostases : il retentit comme la musique

1. Swâmi Vivekânanda, *Les Yogas pratiques,* Albin Michel, p.
179.
2. Swâmi Yatiswarânanda, cours fait à Genève, cité par
J. Herbert, p. 453.

immanente de la Déité silencieuse et féconde[1]. »

Après avoir été approuvé par un religieux catholique qui acceptait le mantra AUM comme manifestation de la Trinité, Ramdas expose le sens du AUM dans le contexte hindou — unité de la nature et de Dieu ; le mantra est un moyen pour rejoindre cet état divin sous-jacent à toutes choses : « Ramdas accepte l'idée de la Tri-Unité : bien qu'ils soient trois il est Une Réalité. Cela a été approuvé par le père (un religieux suisse) ; il proclame que, différents en apparence, Père, Fils et Saint-Esprit sont Un en réalité.

« Maintenant nous allons essayer de comprendre le sens de la formule Om. C'est la combinaison de trois sons a, ou, m. Le premier, A, symbolise la création, ou la préservation, et le troisième, m, la destruction. De l'esprit originel silencieux sortit au commencement le son qui a amené l'univers à la manifestation. Ce son n'est autre qu'une vague s'élevant de l'Esprit de Dieu, calme, silencieux et omnipénétrant ; il est l'univers que nous voyons. Telle est l'explication donnée par la philosophie hindoue. Ce que nous avons devant nous n'est pas une création, mais une projection de Dieu, non différente de Dieu par conséquent. Tout comme la vague s'élevant au sein de l'Océan est identique à celui-ci, dont elle révèle seulement un des aspects, ainsi l'esprit silencieux, calme et pur n'est autre que Lui, comme cette vaste manifestation est une vague de l'Océan divin. D'où cette assertion des grands sages de l'Inde que l'univers lui-même est Brahman : *sarvam khalvidam Brahman*. Et dans cette manifestation apparaissent trois aspects d'une seule et

1. J. Monchanin, in *Ermites du Sakcidânanda*, p. 176 et Dom le Saul, *Eveil à soi, éveil à Dieu*, Le Centurion, 1971, p. 124-134.

même puissance : l'une crée, l'autre conserve, la troisième détruit. Il nous fait revenir par la pratique à cet esprit silencieux d'où provient l'universelle manifestation, y compris nous-mêmes. Et le moyen le plus aisé, d'après les Upanishads et le Vedânta, consiste à moduler constamment la syllabe sacrée OM. Elle provoque en nous des vibrations qui nous font accéder aux plans subtils ; et lorsque cessent ces vibrations, notre existence individuelle s'immerge dans le suprême Brahman, aspect statique du divin. Telle est la signification de la syllabe OM [1]. »

d) *La pratique du japa*

Pour employer le japa avec le maximum d'efficacité possible l'Hindou se place dans des conditions optimales, déterminées par une expérience séculaire et précisées dans les textes.

Parmi les conditions préalables, il y en a tout un groupe qui se rapporte au choix du lieu, de l'heure, de la position, etc. Pour matérielles et accessoires qu'elles nous paraissent, les Hindous leur attachent la plus haute importance. A la base de toutes ces stipulations, on retrouve d'ailleurs deux principes de bon sens qui suffisent à les expliquer jusque dans la plupart de leurs détails. D'abord, il faut éliminer soigneusement toute cause de distraction, et ensuite il faut faire donner son plein rendement à la force que représentent les associations d'idées [2]. Pour cette dernière raison, il est recommandé de s'asseoir toujours à la même place, dans la même position, sur

1. Swâmi Ramdas, Entretiens de Hadeyah, Albin Michel, 1957, p. 312.
2. Cf. Jean Herbert, *Glossaire du Râja-Yoga et du Hatha-Yoga*, Adrien Maisonneuve, Paris, 1944.

le même siège, tourné dans la même direction, etc. Ainsi, à chaque séance, on profite de l'effet accumulé dans les séances antérieures.

Quant à la nécessité d'éliminer ce qui pourrait troubler la méditation, elle conduit à choisir un endroit paisible et solitaire, une heure où la nature elle-même est en paix et surtout une position *(āsana)* assez confortable pour qu'on puisse la conserver longtemps dans la plus parfaite immobilité sans avoir le désir de changer. Il y a un certain nombre de postures classiques de méditation, telles que la pose du lotus *(padmāsana)* ou la pose parfaite *(siddhāsana)*, etc. Elles ont ceci de commun que l'on s'y assied sur le sol, les jambes repliées devant soi, les pieds ramenés contre le corps, la colonne vertébrale, la nuque et la tête en une ligne droite verticale. La position des mains *(mudrās)*, celle des yeux *(drishtis)* et certaines contractions musculaires locales *(bandhas)* sont également considérées comme ayant une grande importance [1].

La pose une fois prise dans les conditions voulues, l'Hindou fait généralement précéder sa méditation proprement dite d'un exercice respiratoire appelé purification des canaux du corps psychique *(nâdishuddi)*.

Ensuite peut commencer le japa proprement dit, c'est-à-dire la répétition du mantra. Ce mantra est choisi par le gourou et est communiqué au disciple lors d'une initiation. Il faut alors le répéter le plus souvent possible et jusqu'à des centaines de milliers de fois par jour, habituellement à l'aide d'un chapelet.

Le japa peut se faire soit à haute voix, soit à voix

1. Cf. Jean Herbert, *Comment se préparer à la méditation*, Derain, Paris, 1943.

basse, soit silencieusement en remuant les lèvres, soit mentalement. Et chaque maître recommande tantôt une méthode, tantôt une autre. Il semble que le japa purement mental soit considéré comme le plus efficace si l'on arrive à y concentrer toute son attention, mais si tel n'est pas le cas, les autres procédés donnent de meilleurs résultats.

« En récitant le même mantra l'aspirant fait, chaque jour à son insu, de notables progrès ; en le répétant des milliers et des milliers de fois, il accède au degré requis de concentration mentale ; il s'absorbe dans la méditation et la kundalini (la puissance énergétique essentielle) s'éveille en lui. Quand un homme dont l'esprit est purgé de toute souillure se livre au japa, le mot sacré jaillit spontanément des profondeurs de son être ; il n'a plus à faire le moindre effort. Ce résultat est la preuve que le japa a donné tout son fruit[1]. »

Le fruit, c'est la libération du cycle des réincarnations, c'est l'état de conscience au-delà de toute dualité, c'est l'Union avec le Divin.

Selon Shankara, « l'âme n'étant que Brahman se fond en Brahman » (Brihad-aramyaha Upanishad IV, 4,6). La libération consiste donc pour elle à prendre ou à reprendre son identité nouménale avec le Brahman qui est « sa véritable nature » (Chândogya Upanishad VIII, 12,3). La répétition du mantra dans ce contexte est une technique d'accès au divin, considéré comme état de non-dualité ou état de jîva (*jîvatva*).

---

1. *La Vie de Sârada-Devî* (épouse de Ramakrishna), trad. M. Sauton, Paris, 1946, p. 184.

3. *Le bhakti yoga et l'Invocation du Nom*

Si le jnana yoga est essentiellement moniste et par conséquent réservé, comme voie principale au moins, à une très petite élite, le bhakti yoga au contraire est par excellence un yoga dualiste dans lequel le yogin ne désire nullement se fondre dans la conscience de l'unité, mais jouir intensément de la présence de Dieu, avoir des rapports aussi intenses que possible avec Dieu. C'est ce que Shrî Ramakrishna, citant Râmprasad, exprimait avec humour lorsqu'il disait : « Je ne veux pas devenir le sucre, je veux le savourer. »

Quel dieu, quel ishta le bhakta va-t-il choisir pour objet de son adoration ? Il semble que son choix soit absolument libre. Adorez le dieu que vous voudrez ! Peu importe le nom que vous donnerez à Dieu, l'aspect sous lequel vous vous le représenterez, l'essentiel est que vous l'aimiez de tout votre cœur, de toute votre âme, et que vous tendiez vers lui de toutes les forces de votre être pour vous rapprocher de lui.

Une fois qu'on a choisi son dieu, il ne reste plus qu'à se répéter sans cesse son Nom pour être conduit ainsi à l'extase où « l'Amour, l'Aimant et l'Aimé ne font qu'un », comme dit Vivekânanda.

« Le dévot perd toute notion de bienséance et il erre dans le monde sans attache... Son cœur se fond dans l'amour pendant qu'il chante le Nom de son Seigneur bien-aimé, enthousiaste (littéralement possédé par Dieu), il éclata de rire ou se met à pleurer, crie ou chante à tue-tête, ou bien encore il se met à danser » (Srimad Bhagavata XI, 11).

Tous les maîtres s'accordent pour déclarer que « le moyen le plus facile en ce Kali-yuga est le japa.

Le témoignage de Swâmi Ramdas à ce sujet est
éloquent : « Dans le présent yuga chanter le nom de
Dieu est le meilleur moyen de l'atteindre et c'est
aussi le plus facile. Le Seigneur dans la Bhagavad
Gîta dit : " Parmi tous les sacrifices, je suis le
japa ". » Le sacrifice du japa consiste en la réalisation divine par la modulation de son Nom. Cela ne
doit pas être mécanique ; certains, qui répètent le
nom divin mécaniquement, n'en tirent aucun profit.
Il faut que l'esprit y participe. Dieu et son Nom ne
sont pas distincts. Lorsque vous y mettez tout votre
amour, ce nom est plus doux que le nectar, parce
qu'en le chantant, vous donnez voix à la joie cachée
en vous-même. Dès que vous commencez à répéter le
Nom, vous éprouvez une extase ineffable. En fait, le
Nom n'est pas un moyen, mais une fin en soi. Si vous
mettez un bonbon dans votre bouche, vous ne tardez
pas à en trouver la saveur. De même quand vous
vous mettez au Nom divin, vous éprouverez de la
joie.

    « Beaucoup de gens qui répètent ce nom disent
n'en tirer ni profit ni joie. Si vous aimez réellement
Dieu par-dessus tout, son Nom vous ravira instanta-
nément. Une chose aimée de tout cœur donne de la
joie, rien que d'y penser. Une mère, par exemple,
aime son enfant et son nom lui est une douceur.
Chaque mère le sait d'expérience. Le nom seul d'un
ami est un objet de joie. De même, si vous donnez
entièrement votre cœur à Dieu et répétez son Nom,
vous en savourerez le goût [1]. »

    « Il faut répéter le nom de Dieu en y mettant toute
votre âme et non pas avec votre mental divisé qui
montre que l'amour de Dieu n'est pas total. Certains

---

1. Swâmi Ramdâs, *Entretiens de Hodeyah*, Albin Michel, 1957,
p. 32.

viennent à Ramdâs et se plaignent de ce qu'ils répètent le nom avec les lèvres mais que leur mental vagabonde. Pourquoi ne peut-on concentrer son mental sur Dieu en modulant son Nom ou en se tenant en méditation ? C'est parce que l'amour des choses extérieures est plus grand que l'amour de Dieu. Où est l'amour, là est le mental. Si l'on aime Dieu de tout son cœur, on fixera sur lui son mental, tout comme l'esprit de l'avare est fixé sur son trésor.

« Il faut que l'esprit de l'aspirant pense à Dieu autant, sinon plus, que celui de l'avare pense à son argent. S'il aime autre chose plus qu'il n'aime Dieu, son esprit ira naturellement vers cela. C'est pourquoi le vrai fidèle priera ainsi : " O Seigneur, fais que je t'aime par-dessus tout au monde. " Si vous l'aimez ainsi, votre mental sera plein de lui et nulle autre pensée ne le pénétrera [1]. »

« La répétition mentale et silencieuse du Nom est considérée comme la meilleure. Si vous répétez mentalement, votre esprit se fixe sur le nom, tandis que la répétition orale n'arrête pas la divagation du mental. Mais si votre mental s'accorde avec le son, la répétition orale est préférable, c'est ainsi que faisait Ramdâs : le son retenait le mental et le fixait sur Dieu, l'unissant à lui. La répétition orale se changeait en répétition mentale. La répétition, la chose répétée et celui qui répétait ne faisaient qu'un. Après quoi la répétition s'arrêtait, tout comme on s'arrête quand on est arrivé à destination. Ramdâs peut vous affirmer en toute vérité qu'aucune sâdhâna n'est plus facile que cette répétition. Celle-ci vous élève à la plus haute éminence spirituelle et vous confère la compréhension et la connaissance de Dieu. Shrî Ramakrishna pratiqua pendant douze

1. *Ibid.*, p. 34.

ans diverses sâdhanâs; finalement, quand on lui demandait conseil, il recommandait de prendre seulement le nom de Dieu. C'est l'essentiel de la sâdhanâ [1]. » Pour Ramakrishna, en effet, Dieu et son Nom sont identiques [2].

Aujourd'hui encore en Inde comme en Occident, « les dévots de Krishna » chantent .

> *Hare, Râma, Hare Râma, Râma*
> *Rama, Hare, Hare, Krishna, Hare*
> *Krishna, Krishna, Krishna, Hare, Hare*

L'hagiographie hindoue contient l'histoire de nombreux personnages qui ont été sauvés pour avoir prononcé, ne fût-ce qu'une fois et même sans y penser, un des Noms de Dieu. Tel est le cas d'Ajamila, grand pécheur devant l'Eternel qui, au moment de mourir, appela son fils Harâyana; mais le nom du fils était en même temps un nom de Vishnou, et celui-ci, jugeant l'appel suffisant, accueillit en son paradis l'âme du défunt.

Qu'on ne s'y trompe pas. La répétition du nom d'un dieu choisi, cela n'implique nullement que celui-ci soit Réellement Existant. La divinité est choisie pour susciter la dévotion. C'est moins l'objet de l'amour qui compte dans le bhakti yoga que l'amour lui-même. C'est l'amour qui divinise. C'est la dévotion qui est par elle-même libératrice.

Arrivera un moment où le dévot devra abandonner l'objet même de sa dévotion, afin de réaliser l' « Absolu indifférencié » qui reste le but, mais qu'à cause de sa faiblesse et de sa sensibilité il a dû se représenter sous une forme personnelle. Cette forme

---

1. *Ibid.*, p. 33.
2. Cette affirmation figure déjà dans le Bhaktirâsitasindhu de Rûpa Goswâmi au XVIIᵉ siècle.

n'était qu'un support qu'il faudra dépasser sous peine de rester enfermé dans le dualisme. Swâmi Vivekânanda disait : « Il y a dans le monde deux espèces d'hommes qui rejettent la notion du Dieu personnel : ce sont la brute humaine qui n'est pas capable de la concevoir et quelques très rares individus qui se sont élevés au-dessus de cette conception jusqu'à celle de l'Absolu indifférencié. »

II. L'INVOCATION DU NOM DE DIEU
DANS L'ISLAM : LE DHIKR

L'invocation du Nom de Dieu, dans l'Islam, comme une oraison jaculatoire indéfiniment répétée, est la pratique par excellence du soufi. Elle tourne vers Dieu, de façon constante, pensées, désirs, sentiments, sensations, images, tout le festival mental dans lequel l'âme risque de se dissiper. Cette pratique du dhikr se fonde non seulement sur une observation psychologique, mais sur un précepte coranique :

Récite ce qui t'est révélé du Livre
et accomplis la prière
En vérité, la prière empêche
de se livrer à la turpitude
et de commettre des abominations,
Et certes, la remémoration de Dieu est grande (Coran **XXIX**, 45)

C'est cette remémoration de Dieu qui aiguise le sens du réel, la conscience de la seule Réalité existante hors de laquelle tout est illusoire et éphémère, simple manifestation de l'Etre Unique. « *La ilaha illa allah* », « Il n'est de Dieu que Dieu », loin d'être la mélopée monotone qui endort le musulman dans une passive résignation, est l'aiguillon qui doit éveiller la conscience de l'Etre unique.

Le dhikr fixe l'esprit sur cette vérité fondamentale. Et peu à peu l'esprit glisse de l'invocation sonore à la contemplation silencieuse.

Un chapelet de quatre-vingt-dix-neuf grains, correspondant aux quatre-vingt-dix-neuf noms ou attributs du Dieu Unique, que les doigts égrènent en même temps que les lèvres prononcent les mots sacrés, permet de mesurer le dhikr et les litanies solitaires. Le soufi le garde aussi en main, parfois, dans les exercices communs souvent accompagnés de musique.

Le dhikr est une technique de répétition chantée — psalmodiée, murmurée, parfois presque silencieuse.

Un mot, une formule, un verset, une mélopée, une litanie comme une suite de noms divins empruntés au Coran, sont délibérément répétés, à cadence variable, qui peut aller jusqu'à une précipitation essoufflée. Cette technique peut conduire à l'extase. Elle provoque peu à peu une perte de la sensibilité, la tension nerveuse se mue en attention spirituelle, l'âme se concentre non plus sur le mot sonore, mais sur le sens, qui joue le rôle de flèche, de vecteur, de véhicule et qui transporte le récitant jusqu'au cœur de l'Objet évoqué, dans lequel il se perd, en s'identifiant à lui comme une goutte dans l'océan.

Au terme de l'expérience peut se produire la Révélation de l'extase. Mais elle ne doit jamais être recherchée pour elle-même, et il convient toujours de se méfier de ce qu'un entraînement purement physique pourrait produire. Des états parapsychologiques ne sont pas toujours signes de la Présence de Dieu.

L'union mystique ne se trouve pas au bout d'un procédé mécanique. L'amour ne se conquiert pas à la pointe du dhikr :

> *C'est toi qui m'extasies*
> *Ce n'est pas le dhikr qui m'a extasié !*
> *Loin de mon cœur de tenir à mon dhikr !*

Il pourrait être au contraire un obstacle sur la voie de la vision divine s'il retenait sur lui-même l'attention de la conscience. Elle resterait captive dans les rets de la mélodie, qui ne doit jouer qu'un rôle médiateur, comme un instrument prêt à s'évanouir dans le silence, pour ne laisser la parole qu'à Dieu même.

La pratique du dhikr est générale en Islam. Elle est cultivée de diverses façons suivant les lieux et les ordres.

Le but du dhikr ou souvenir de Dieu est de renoncer au monde pour mener une vie ascétique en s'affranchissant de ses liens, en vidant le cœur des préoccupations terrestres et en s'approchant du Dieu Très-Haut par la parfaite application spirituelle.

Nous sommes ici dans un contexte monothéiste et bien que le soufi dans les états ultimes de son dhikr s'anéantisse, se perde en Dieu, passe en Lui (*fana'* signifie « passer en Dieu »), il n'y a jamais identité de nature entre lui et Dieu.

Tous les soufis reconnaissent comme leur l'enseignement de l'illustre théologien Al-Ghazzālī (1058-1111) : le résultat suprême du dhikr n'est pas au pouvoir du dhākir, il dépend d'Allah. Il peut et doit certes pratiquer l'exercice : « Il est en son pouvoir de parvenir à cette limite et de faire durer cet état en repoussant les tentations ; par contre il n'est pas en son pouvoir d'attirer à lui la Miséricorde du Dieu

Très-Haut. Mais par ce qu'il fait, lui, il se met en
mesure de recevoir les souffles de la Miséricorde
divine, et il ne lui reste plus qu'à attendre ce que
Dieu Très-Haut lui révélera de la Miséricorde,
comme Il l'a révélé, par cette voie, aux prophètes et
aux saints... En définitive, cette voie se ramène
uniquement, en ce qui te concerne, à une complète
pureté, purification et clarté; puis à être prêt à
attendre. »

III. L'INVOCATION DU NOM
DANS LE BOUDDHISME

1. *Le bouddhisme de la Terre Pure*
et le Vœu d'Amida

L'idée de la Terre Pure et sa pratique centrale, le
« Nembutsu » (la pensée du Bouddha ou l'Invocation de son Nom) ont pénétré dans presque toutes les
écoles du bouddhisme. Ce fut pourtant Honen qui,
au Japon, établit une communauté (ou *sangha*)
indépendante, la *fodesku* ou secte de la Terre Pure, à
la veille de la période de Kamakura, et qui déclara
que la pratique du « Nembutsu » est non seulement
la plus facile, mais encore la meilleure des pratiques
bouddhiques. Shinran, l'un de ses disciples, reprit
son enseignement et, dégageant la véritable signification du Nembutsu, le répandit au milieu des
masses, jusque dans les provinces les plus éloignées.
C'est ainsi que fut établie la communauté fodo
Shimbu, qui plus tard exerça une influence décisive
sur l'ensemble du Japon.
La structure du bouddhisme de la Terre Pure

provient de cette constatation : aussi pénibles que
soient les efforts de l'homme, les bonnes actions
accomplies par ses propres forces, tout cela n'est
pas suffisant pour le conduire à la parfaite illumination en cette vie. Voilà pourquoi le Bouddha
enseigna, pour le bénéfice des gens ordinaires, que
la seule voie possible pour eux consiste à se confier
dans le Vœu plein de compassion du Bouddha
Amida, dont le désir est de sauver les êtres sensibles sans aucune discrimination.

D'après le grand Sukhâvatî-vyûka Sûtra, Amida
prononça quarante-huit vœux spéciaux dont le
plus essentiel et le plus important est le dix-
huitième. Ce vœu se lit ainsi (selon la version
chinoise) : « Quand je serai sur le point de devenir
Bouddha, si les êtres qui, dans les dix directions
de l'espace, auront un cœur sincère, une foi sereine
et le désir de renaître dans ma terre en invoquant
seulement dix fois mon Nom ne devaient pas y
renaître, je préférerais ne pas atteindre la plus
haute illumination. »

Ce vœu revient à dire que si quelqu'un a foi en
Amida et prononce son Nom, il renaîtra infailible-
ment dans sa Terre Pure et là-bas pourra atteindre
la parfaite illumination. Aucune autre discipline
n'est requise pour obtenir cette Renaissance en
Nirvana. Honen appelait ce vœu « le vœu de la
Renaissance (en la Terre Pure) au moyen du
Nembutsu », car c'est seulement par le Nembutsu,
c'est-à-dire l'Invocation du Nom du Bouddha, que
les gens ordinaires peuvent être sauvés par Amida
et renaître en sa Terre. Il appelait aussi ce vœu
« le Vœu originel le mieux choisi », parce que le
Nembutsu fut la seule pratique choisie par Amida
comme moyen de sauver tous les êtres sensibles.
En Chine Fa Chao donnait cette interprétation :

« Dire le Nembutsu et devenir Bouddha, c'est tout le bouddhisme Shin. »

2. *Le Nembutsu et sa pratique*

Aujourd'hui, dans l'école de la Terre Pure, Nem-butsu signifie habituellement « prononciation du Nom du Bouddha Amida » c'est-à-dire la répétition de « Namu Amida Butsu » (prononcé « Namo A-mida'n Bu » et en abrégé « Nam' Am' Da Bu »). « Namu » signifie « je prends refuge dans », « je mets ma joie et ma confiance en », « je vénère », etc.

« Amida » signifie « infini ». En ce mot sont contenus les deux noms « Lumière infinie » (Amitâ-bha) et « Vie infinie » (Amitâyus), c'est-à-dire la grande sagesse et la grande compassion.

« Amida Butsu » signifie « Bouddha infini ». Selon l'interprétation du Maître chinois Zêndo, ce Bouddha est dit « infini » parce que tous ceux qui pensent à lui sont embrassés et ne sont plus jamais abandonnés.

Sur l'attitude à garder durant le Nembutsu, il suffit de citer Ippen Shônin (1229-1289) : « Vous m'interrogez sur l'attitude mentale que vous devez prendre envers le Nembutsu. Tout ce qui est exigé du fidèle du Nembutsu est qu'il dise " Namu Amida Butsu " et il n'y a pas d'autre instruction que je puisse vous donner. En disant " Namu Amida Butsu ", vous trouverez votre paix essentielle.

« Kûya Shônin († 972), un jour qu'on lui deman-dait : " Comment faut-il dire le Nembutsu ? " répon-dit simplement : " Abandonnez. " Il n'y eut pas d'autres paroles. Cette réponse est consignée dans le recueil poétique de Saigya et, à mon sens, c'est vraiment une parole d'or. " Abandonnez ", c'est tout ce qui est exigé du fidèle du Nembutsu. Qu'il abandonne savoir, sagesse et ignorance aussi ; qu'il abandonne toute notion du bien et du mal, de riche et de pauvre, de noble et de vil, d'enfer et de paradis et toutes les sortes de satori que cultivent et enseignent les diverses écoles de bouddhisme. Rejetant toutes ces notions et désirs, causes de confusion, adonnez-vous entièrement à dire " Namu Amida Butsu ! ".

« Puisque cela est en parfait accord avec le Vœu transcendant d'Amida, récitez le Nembutsu encore et encore avec une pensée unifiée.

« Le moment viendra pour vous où vous comprendrez qu'en récitant ainsi " Namu Amida Butsu " il n'y a ni Bouddha, ni Moi, ni aucun raisonnement à mettre en avant.

« Quelles que soient les conditions où vous vous trouviez, bonnes ou mauvaises, c'est toujours pour vous la Terre de Pureté car vous n'avez ici rien à rechercher, rien à éviter. Chaque être vivant, et les montagnes, et les fleuves, les herbes et les arbres, le vent qui souffle et les vagues qui roulent, tous en chœur disent le Nembutsu.

« Mon seul souhait est que retrouvant votre simplicité et votre innocence originelles, vous disiez le Nembutsu : " Namu Amida Butsu [1]. " »

Ce qui est présupposé dans ce texte, c'est que par la récitation du Nom de Bouddha on atteigne soi-même la bouddhéité, c'est-à-dire un état délivré du Samsâra — de la roue des réincarnations.

Méditer le Nom d'Amida, ce n'est pas entrer en contact, en union mystique avec un être personnel transcendant ayant atteint l'état de Bouddha, mais

---

1. Cité par Jean Eracle, in *La Doctrine bouddhique de la Terre Pure,* Dervy Livres, 1973, p. 69-70.

s'imbiber de l'idéal qu'un tel être manifeste. De ce
point de vue, penser à un Bouddha purement idéal
est tout aussi efficace, sinon même plus, que de
penser à un Bouddha considéré comme historique.

« Celui qui prend refuge dans le Bouddha, disent
les Sarvâstivâdin, ne prend pas refuge dans un être
ayant une tête, des bras, etc., un être né d'un père et
d'une mère, mais dans les qualités inconcevables qui
font que quelqu'un mérite d'être appelé Bouddha,
autrement dit dans le Corps essentiel » (Dharma-
kâya). Ce corps essentiel, la bouddhéité, c'est la
vraie nature de tout homme.

VIII

L'INVOCATION DU NOM
DANS LE CHRISTIANISME

I. PRÉSUPPOSÉS THÉOLOGIQUES
DE LA PRIÈRE DU CŒUR

1. *Historique*

En 313, l'Edit de Milan proclame la paix et offre à la
chrétienté un statut légal. L'Eglise entre dans l'histoire, mais elle demeure habitée par des hommes qui
se sentent à l'étroit dans ce monde et veulent
déployer leur infinie capacité d'amour au-delà des
frontières de l'espace et du temps. Anticipée par les
ermites d'Egypte, une réaction violente s'oppose au
conformisme de l'Empire de Constantin, trop rapi-
dement proclamé chrétien. Au baptême du sang des
martyrs va succéder le baptême de l'ascèse. Ce n'est
plus dans l'arène que le chrétien ira combattre par
sa douceur et son humilité les forces du mal, mais au
désert. Sa mission sera désormais, comme le dit saint
Antoine, « d'ébranler les assises démoniaques de ce
monde » et d'y introduire la Paix et la Charité du
Royaume de Dieu.

Ces hommes, qu'on appellera plus tard les « pères

du désert », sont les ancêtres des hésychastes,
dont la tradition, du IVe siècle jusqu'à nos jours,
demeure ininterrompue.

On a trop souvent donné à l'hésychasme un
sens historique trop restreint, réservant l'appellation d'hésychastes aux mystiques byzantins du
XIVe siècle, alors que le mot est déjà bien établi
comme terme technique dans la première moitié
du VIIe siècle.

Jean Climaque consacre à l'hésychasme un chapitre de son traité de l'Echelle (CXXVII P.G.
t. 88 col. 1096). Au Ve siècle, cette tradition est
représentée par des hommes tels que saint Nil
d'Ancyre ou le Sinaïte, saint Diadoque de Photicé
et ce saint Jean l'Hésychaste dont la vie fut
décrite par Cyrille de Scythopolis [1].

Qu'est-ce que l'hésychasme? Ce terme, en langue byzantine, désigne un système de spiritualité
ayant pour principe l'excellence, voire la nécessité
de l'hésychia. *Hésychia* veut dire : tranquillité,
silence, quiétude.

Comme le fait remarquer Irénée Hausherr, il y
a de multiples genres de quiétude : depuis
l'absence de guerres jusqu'à la suspension des
facultés dans le repos mystique, en passant par
l'inertie et la paresse, le silence des choses et des
personnes, l'apaisement de l'esprit et du cœur.
Autant il y a d'êtres, d'ensembles ou de parties
d'êtres susceptibles d'agitation, autant il y a de
variétés de quiétude toutes dénommables hésychia. De même qu'il existe une hésychia de la

---

1. Cf. *Acta sanctorum*, t. III, p. 14. Traduction française
par A. J. Festugière in *Les Moines d'Orient*, III, 3, Paris, éd.
du Cerf, 1963, p. 13-14.

cité, il y a une hésychia psychique, résultant de la hiérarchie des facultés quand elle est établie et maintenue. Pour Platon, les gens honorables sont toujours disposés à vivre la vie de quiétude.

Dans le christianisme, l'hésychia sera un moyen pour arriver au but qui est l'union à Dieu et l'oraison perpétuelle ; elle ne sera pas le but, comme l'apathéia dans le stoïcisme ou l'ataraxie dans l'épicurisme.

Ainsi le terme « hésychia » dans le christianisme désignera-t-il avant tout la vie de solitude, de silence, de prière perpétuelle, d'hommes et de femmes retirés au désert pour y goûter la Paix que le monde ne peut donner.

C'est dans ces milieux que s'élaboreront petit à petit les techniques d'oraison et plus particulièrement la prière du cœur — ou prière à Jésus — considérée encore aujourd'hui comme l' « âme de la spiritualité orientale ».

Cette tradition spirituelle a eu ses foyers de vie principaux dans les monastères du Sinaï à partir du VIe siècle et du Mont Athos, surtout au XIVe siècle, avec Grégoire Palamas.

Depuis la fin du XVIIIe siècle, la « prière du cœur » s'est répandue en dehors des monastères grâce à la *Philocalie* publiée en 1782 par un moine grec, Nicodème l'Hagiorite, et éditée en russe peu après par Païsi Velitchkovsky. Séraphim de Sarov, Jean de Cronstadt, les staretz d'Optino, Théophane le Reclus et Ignace Briantchaninov ont popularisé la pratique de cette prière. Les *Récits du Pèlerin russe* (fin du XIXe siècle), traduits en français en 1945 par Jean Gauvain et la présence d'Eglises de la diaspora l'ont fait mieux connaître en Occident.

Des pères du désert au Pèlerin russe, en passant

par le Sinaï et l'Athos, il existe quelques variations dans la technique ou dans l'énoncé de l'invocation, mais son esprit reste le même.

Sous peine d'être malhonnête, on ne peut isoler une technique de son contexte ecclésial et monastique. C'est la connaissance du milieu où se pratique la prière qui nous permet d'en discerner les présupposés théologiques. Il ne faudrait pas, par exemple, opposer la prière du cœur et la prière liturgique. Ce sont deux voies différentes qui poursuivent le même but : l'union au Dieu de Jésus-Christ.

Ainsi il convient, avant d'aborder les questions concernant les techniques de la prière, de rappeler l'importance du Nom dans la tradition judéo-chrétienne et d'analyser le contenu théologique de l'invocation : « Seigneur Jésus-Christ, Fils de Dieu, aie pitié de moi, pécheur », que l'hésychaste devra mêler à chacune de ses respirations.

2. *L'importance du Nom dans la mentalité judéo-chrétienne*

Dans la mentalité sémitique, le nom désigne, d'une façon générale, la nature secrète d'un être, non en vertu d'une définition dont il serait le symbole, mais parce qu'il en contient une sorte de Présence active. Là où est le Nom, là est la Personne, avec sa « dynamis » prête à se manifester. Connaître quelqu'un par « son nom », c'est le connaître jusqu'au tréfonds et tenir sa dynamis dans sa main. Aussi connaître le Nom divin, c'est détenir une singulière puissance, car c'est posséder le moyen de se faire entendre de la divinité et de capter sa bienveillance. L'invocation du dieu par son nom propre, à haute voix, était peut-être l'acte le plus solennel et le plus grave de toutes les religions archaïques.

Il était aussi le plus ambigu. De l'attitude religieuse à l'attitude magique, en effet, il semble qu'il n'y ait, dans de telles mentalités, qu'un écart minime, souvent franchi. Il n'est pas exagéré de dire que la plupart des noms utilisés dans le culte et la prière l'ont été aussi parallèlement dans la magie. Celle-ci, par l'oubli total du rôle intentionnel et noétique du nom, par une conception grossière de la présence de la dynamis divine dans son nom, par une conception non moins simpliste d'une efficacité automatique de la profération — au service des propres intérêts et de la propre volonté de l'homme —, constitue l'inversion même du sentiment religieux.

Dans une sphère sociale et juridique, le nom est le signe d'un rapport de propriété ou de domination et de la garantie d'un contrat ou d'un serment. Dans la sphère de l'opinion et de la manifestation extérieure, le nom mesure la gloire acquise par l'être qu'il désigne. Quiconque n'a pas ou n'a plus de nom n'existe pas ou n'existe plus.

C'est dans ce contexte qu'il faut situer Moïse demandant à Dieu quel est son Nom (Exode 3, 9, 15) : « Moïse dit à Dieu : " Je vais trouver les enfants d'Israël et leur dire : le Dieu de vos pères m'a envoyé vers vous, mais s'ils me demandent : quel est son Nom, que leur répondrai-je ? " Dieu dit alors à Moïse : " ehyeh aser ehyeh " et il ajouta : " voici en quels termes tu t'adresseras aux enfants d'Israël : ehyeh m'a envoyé vers vous. "

« Dieu dit encore à Moïse : " Tu parleras ainsi aux enfants d'Israël : YHWH, le Dieu de vos pères, le Dieu d'Abraham, le Dieu d'Isaac et le Dieu de Jacob m'a envoyé vers vous. C'est le nom que je porterai à

jamais, sous lequel m'invoqueront les générations
futures " [1]. »

Pour Moïse, Dieu s'appelle « Il est », non pas
parce que tel serait le sens théorique du mot YHWH,
mais parce que Dieu, dans le Buisson, lui a fait
expérimenter de façon décisive cet Etre même.
« C'est à toi qu'il a donné de voir tout cela, pour que
tu saches qu'YHWH est le vrai Dieu et qu'il n'y en a
pas d'autre. Sache-le donc aujourd'hui et médite-le
dans ton cœur : c'est YHWH qui est Dieu là-haut dans
le ciel comme ici-bas sur la terre, lui et nul autre (Dt
4, 35-39). Avant toutes choses YHWH est le nom
propre d'une personne — un être qui dit de lui-
même : « JE SUIS » — qui saura expliquer elle-même
par ses actes ce que son nom veut dire à quiconque
d'abord croira en elle et avancera sur la route qu'elle
lui ouvre et vers le pays qu'elle lui destine.

Invoquer son Nom, c'est d'abord « croire qu'IL
EST et qu'il est rémunérateur de ceux qui le cherchent » (Epître aux Hébreux 12, 6). Le Nom de
YHWH devient ainsi le sujet d'attribution de tous les
hauts faits de Dieu en Israël, dans l'histoire et dans
la nature. A lui on rapporte toutes les actions dont
on le découvre l'Auteur transcendant : les déli-
vrances de son peuple, les chevauchées des grands
conquérants, la création et l'ordonnance du Cosmos.
En un mot, le nom de YHWH propose et condense
toute la foi d'Israël : il permet de la saisir, de la tenir,
de l'exprimer. La connaissance du Dieu unique est

1. Pour la signification et le rôle que le Nom de YHWH joue
dans la connaissance de Dieu, cf. E. Bruston : « Yah et Yahve »,
in *Etudes théologiques et religieuses*, 1945, n° 2, p. 72-75 ; A. M. Du-
barle, *La Signification du Nom de Yahveh dans R.S.P.T.*, 1951, p. 3-
21 ; P. Dhorme, « Le Nom du Dieu d'Israël », in *Revue de l'histoire
des religions*, 1952, p. 5-18 ; G. Lambert, « Que signifie le Nom
divin YHWH ? », in *Nouvelle Revue théologique*, 1952, p. 897-915.

enclose en lui. Il est le mémorial du Dieu vivant.

Ce nom qui est « Lui » d'une certaine façon et qui lui appartient, Dieu en le révélant le donne aussi à son peuple afin qu'à son tour il le possède. Israël a le pouvoir de le proférer, et sa mission, au milieu des autres nations, sera de le sanctifier, de le glorifier.

« Quand les Israélites font la volonté de Dieu, son Nom est exalté dans le monde (exemple de Josué et de Rahab) ; mais quand ils ne font pas sa volonté, son Nom, si l'on peut ainsi dire, est profané dans le monde » (Rabbi Siméon ben Eleazar, vers 200).

Appartenir au peuple saint, c'est « porter le Nom de YHWH » (Dt 28, 9-10 ; Jr 15, 16). Il n'y a pas de place dans la Bible pour un fétichisme quelconque, fût-ce celui d'un Nom, et pourtant, qu'il faille penser à une sorte de médiation effective de ce Nom, qu'il faille le considérer comme un instrument, un « vase » d'une certaine présence de Dieu dans le cœur et la bouche des croyants, cela ne fait pas de doute.

La glorification du Nom de Dieu finit par devenir l'unique objet de l'aspiration des saints de YHWH. Leurs prières s'unifient dans cette seule démarche : connaître Dieu et que toutes les créatures le connaissent ; et que cette connaissance lui soit rendue dans une confession de foi, chantée dans une action de grâces, clamée dans des acclamations de louange. A ce moment-là il y aura équivalence parfaite entre la connaissance du Nom, son invocation et sa glorification.

3. Le Nom de YHWH, « figure du Christ »

Le Nom de YHWH remplissait pour la foi d'Israël une fonction de révélation et de connaissance : révélation initiale, au Sinaï, du dessein de Dieu et,

dans une certaine mesure, de son mystère ; connaissance progressive de Dieu, dans la mesure où, sujet
d'attribution privilégié des actes de Dieu, il en
signifiait la cohérence et l'unité.

La personne du Christ réalise avec évidence et
avec éminence ces deux rôles du Nom de YHWH.
D'une part, le Christ est révélateur du mystère et du
dessein de Dieu. D'autre part, il unifie en Lui-même
toute la Révélation antérieure, il la prend à son
compte (cf. Mt 23, 37), il donne le sens définitif de
toutes les prophéties, il est réellement la vérité des
actes de Dieu dans l'Ancien Testament.

Le Nom de YHWH d'une part révèle Dieu en
personne et, d'autre part, laisse inviolable sa transcendance : « Je suis qui je suis. » Et de même saint
Jean pourra faire dire au Christ : « Qui m'a vu a vu
le Père » (Jn 14, 9) sans cesser de dire encore :
« Personne n'a jamais contemplé Dieu » (Jn 6, 46 ;
Jn 4, 12). Entre le rapport du nom de YHWH à YHWH
lui-même et le rapport du Christ à son Père, du point
de vue de la Révélation, se dessine une analogie
remarquable.

Comment ne pas accorder par ailleurs une valeur
toute particulière aux passages de saint Jean (8/24,
28, 58 ; 13/19) où Jésus s'identifie au Nom sacré
YHWH — JE SUIS. Jésus ne dit pas que son Nom est
« JE SUIS », mais que Lui-même est « JE SUIS ».

La tradition yahviste liait le nom de YHWH à une
spéciale révélation de la miséricorde divine. Or saint
Jean n'a pas manqué de relever que la révélation
propre de l'amour de Dieu c'était le Christ lui-même
(1 Jn 4, 9 s.). Faut-il rapprocher aussi les éléments
de la théophanie du Nom au Sinaï (la Nuée — la
Voix qui explicite le sens du Nom divin) avec ceux
de la Transfiguration (la Nuée — la Voix qui
confirme l'autorité de la mission du Fils, Mt 17, 5),

rapprochement que la présence de Moïse rend plus
significatif encore.

Le second office du Nom de YHWH était d'accorder
au peuple un moyen de s'adresser à Dieu et un gage
de l'exaucement divin. Désormais le nouveau peuple
de Dieu ne priera plus par le Nom de YHWH, mais
« au nom de Jésus ». « Tout ce que vous demande-
rez au Père en mon Nom, il vous l'accordera » (Jn
15, 16). « Lui qui n'a pas épargné son propre Fils,
mais l'a livré pour nous tous, comment avec lui ne
nous accordera-t-il pas toute faveur ? » (Rm 8, 32).

Lorsque saint Pierre déclare : « Il n'y a pas
d'autre nom donné aux hommes par lequel il nous
faille être sauvés » (Actes 4, 12), jamais n'a été plus
étroite l'identification du nom avec la personne qu'il
représente, mais nulle part non plus on ne voit
mieux comment le Christ se substitue au nom de
YHWH, seul refuge de salut pour un juif.

Enfin, le nom de YHWH symbolisait et manifestait
la gloire de YHWH en Israël et dans les nations, sa
glorification accomplissait le dessein divin. Or c'est
ce que Jésus a réalisé en sa propre personne selon
l'Evangile de saint Jean où ce thème prend un relief
très accentué. Evoquant « son heure », c'est-à-dire
celle de la Passion qui prélude à celle de sa
glorification, Jésus dit aussi bien « Père glorifie ton
Nom ! » (Jn 12, 28), et « Père... glorifie ton Fils »
(Jn 17, 1) et il est certain que le parallélisme n'est
pas seulement littéraire, il concerne les réalités
mêmes. Ainsi, cet élément sacré et fondamental de la
religion d'Israël qu'était le Nom de YHWH voit son
économie s'accomplir dans l'Incarnation du Fils de
Dieu. Le Christ a reçu de Dieu « le Nom qui est au-
dessus de tout nom » (Phil. 2, 9). Ce nom est le nom
du Kyrios = YHWH ; Il l'est, c'est-à-dire qu'il possède
la nature transcendante de Celui que ce nom

représente — et il prend désormais, dans la foi et le culte, la place du nom divin.

C'est en faisant appel au Nom de Jésus que les disciples guérissent les malades (Actes 3, 6 ; 9, 34), expulsent les démons (Mc 9, 38 ; 16, 17 ; Luc 10, 17 ; Actes 16, 18-19, 13), accomplissent toutes sortes de miracles (Mt 7, 22 ; Actes 4, 30). Jésus apparaît ainsi tel que son Nom l'indique : Celui qui sauve (Mt 1, 21-25), rendant la santé aux infirmes (Actes 3, 16) mais aussi et surtout procurant le salut éternel à ceux qui croient en lui (Actes 4, 7-12 ; 5, 31 : 13, 23).

Les premiers chrétiens se désignent volontiers comme « ceux qui invoquent le Nom du Seigneur » (Actes 9, 14, 21 ; 1 Cor. 1, 2 ; 2 Tm 2, 22). Les hésychastes s'inscriront dans cette tradition ; se répéter mentalement le Nom de Jésus, c'est marcher en sa présence et être délivré de tout mal. « Que dirons-nous de cette prière divine, l'invocation au Sauveur : " Seigneur Jésus-Christ, Fils de Dieu, aie pitié de moi ? " C'est une prière, un vœu, une profession de foi qui nous confère l'Esprit-Saint et les dons divins, qui purifie le cœur et qui chasse les démons. C'est la présence de Jésus en nous, une source de réflexions spirituelles et de pensées divines. C'est la rémission des péchés, la guérison de l'âme et du corps, le rayonnement de l'illumination divine ; c'est une fontaine de divine miséricorde qui répand sur les humbles la révélation et l'initiation aux mystères de Dieu. C'est notre seul salut, car elle contient en elle le Nom sauveur de notre Dieu, le seul nom auquel nous puissions faire appel, le Nom de Jésus-Christ, le Fils de Dieu, car " il n'est pas d'autre nom sous le ciel qui ait été donné aux hommes, par lequel nous puissions être sauvés " (Actes, 4, 12).

« C'est pourquoi tout croyant doit constamment

confesser ce Nom, à la fois pour proclamer notre foi
et pour témoigner de notre amour pour le Seigneur
Jésus-Christ, dont rien ne peut nous séparer; et
aussi à cause de la grâce qui nous est donnée par son
Nom, à cause de la rémission des péchés, de la
guérison, de la sanctification, de l'illumination, et
par-dessus tout du salut qu'il nous confère. Le saint
Evangile dit : " Tout ceci a été écrit afin que vous
croyiez que Jésus est le Christ, le Fils de Dieu. "
Croyez, telle est la foi, et l'Evangile ajoute : " afin
qu'en croyant vous ayez la vie en son nom " (Jn 20,
51), là se trouve le salut et la vie[1]. »

Cette puissance du Nom a été récemment reprise
par Boulgakoff, parlant de la prière de Jésus : « La
force de cette prière ne réside pas dans son contenu
qui est très simple et très clair, mais dans le nom très
doux de Jésus. Les ascètes témoignent de ce que ce
nom renferme la force et la présence de Dieu. Non
seulement Dieu est invoqué par ce nom, mais il est
déjà présent dans cette invocation. On peut l'affirmer certainement de tout nom de Dieu, mais il faut
le dire surtout du nom divin et humain de Jésus qui
est le nom propre de Dieu et de l'homme. Bref, le
nom de Jésus présent dans le cœur humain lui
communique la force de la déification que le
rédempteur nous a accordée[2]. »

Boulgakoff ne va pas jusqu'à dire, comme le
Pèlerin russe (sixième récit), que « le Nom de Jésus
contient en lui-même une puissance salvatrice qui

1. Syméon de Thessalonique, cité in Chariton, *L'Art de la
prière,* éd. Bellefontaine, 1976, p. 118.
2. Boulgakoff, *L'Orthodoxie,* Paris, 1932, p. 200. Cf. A. Wen-
ger, dans la *Revue des études byzantines,* t. 13, 1955, p. 176-177, qui
analyse l'ouvrage fondamental de Boulgakoff à ce sujet, *La
Philosophie du Nom* (en russe), Paris, 1955.

existe et agit d'elle-même », mais il ouvre la voie à
une certaine « onomolâtrie ». A la fin du XIXe siècle
et au début du XXe, en effet, la prière à Jésus s'unit
dans certains milieux à une sorte de fixation de la
piété sur le nom même de Jésus. Le Nom de Jésus,
disaient ces « onomolâtres », est ontologiquement
identique à sa personne et inséparable de son
essence, donc intrinsèquement efficace quand il est
invoqué. Son invocation mènerait infailliblement à
la contemplation. Diffusée par Hilarion, d'abord
moine à l'Athos, puis ermite au Caucase, et par le
hiéromoine Antoine Boulatovitch, du monastère
russe de Saint-Pantaleimon-de-l'Athos, cette doctrine fut condamnée par le patriarche Germain V de
Constantinople et par le Saint Synode de Russie.

Pour la tradition chrétienne, le Nom n'est pas un
fétiche, il ne trouve son efficacité que dans la foi de
celui qui le prononce. Saint Basile commence ainsi
ses *Règles longues* : « Que si quelqu'un dit qu'il est
écrit que quiconque invoquera le Seigneur sera
sauvé (Joël 2, 32 ; Actes 2, 21) et s'il veut conclure de
là que la seule invocation du Nom de Dieu suffit aux
chrétiens pour leur salut, il n'a qu'à écouter ce que
dit l'Apôtre : " Comment l'invoqueront-ils s'ils ne
croient pas en lui ? " (Rm 10, 14). Et si vous ne
croyez point encore, écoutez ce que dit Notre
Seigneur : " Tous ceux qui me disent Seigneur,
Seigneur, n'entreront pas pour cela dans le
Royaume du ciel ; mais celui-là seulement y entrera
qui fait la volonté de mon Père qui est dans le ciel "
(Mt 7, 21) [1]. »

Jean de Cronstadt, dans cette même ligne, pourra
dire que la puissance du nom est inséparable de la

---

1. Saint Basile, *Reg. tract.* Préface 3 P.G. 31.893 in traduction
de G. Hernant.

ferveur venant du cœur de celui qui le prononce :
« Qu'un cœur dont la foi n'est pas solidement établie
n'aille pas s'imaginer que la croix ou le nom de Jésus
agissent miraculeusement par eux-mêmes et non par
le Christ ; cette même croix et ce même nom de Jésus
n'accomplissent pas de miracles si je ne vois pas des
yeux de mon cœur ou par ma foi le Seigneur Jésus et
si je ne crois pas de tout mon cœur ce qu'Il a
accompli pour mon salut... Ne prononce jamais le
Nom de Dieu avec légèreté [1]. »

Ainsi on le voit, s'inscrivant dans la tradition
judéo-chrétienne de l'Invocation du Nom, les hésychastes, tout en reconnaissant le contenu objectif du
Nom et sa Puissance, ne négligeront pas les conditions subjectives de foi et d'amour nécessaires à son
invocation. Mais ce qui compte en premier lieu c'est
le contenu christologique de la prière : « La prière de
Jésus dans sa formule complète réfute toutes les
hérésies. Le Kyrie manifeste la nature divine du
Christ et réfute l'hérésie de ceux qui disaient qu'il est
seulement homme et non pas Dieu. Le " Jésus ", en
revanche, manifeste la nature humaine du Christ et
réfute l'hérésie de ceux qui disaient qu'il est seulement Dieu et non pas homme, mais qu'il paraît
seulement homme selon l'imagination. Le " Christ "
manifeste les deux natures, la divine et l'humaine, en
une seule personne et une seule hypostase, et réfute
l'hérésie de ceux qui disaient que le Christ a deux
hypostases séparées l'une de l'autre. Le " Fils de
Dieu " manifeste que dans le Christ la nature divine
est inconfuse, même après l'union qu'elle a opérée
avec la nature humaine ; et la nature humaine, elle
aussi, est semblablement inconfuse ; et il réfute

1. Jean de Cronstadt, *Ma vie en Christ* (en russe), Moscou,
1894.

l'hérésie de ceux qui disent que la divine et l'humaine natures ont subi une confusion et se sont mélangées l'une avec l'autre [1]... »

On ne fera jamais assez remarquer le caractère christologique de la prière du cœur. Elle met à la fois l'accent sur la vie terrestre du Seigneur incarné « Jésus-Christ » et sur sa divinité « Fils de Dieu ». Ceux qui font usage de cette prière se souviennent constamment du personnage historique qui se trouve au centre de la révélation chrétienne, et ils évitent ainsi le faux mysticisme qui n'accorde pas sa véritable place au fait de l'Incarnation. Cependant, bien que christologique, la prière de Jésus n'est pas une forme de méditation sur des épisodes particuliers de la vie du Christ. Ici également, comme dans les autres formes de prière, l'usage d'images mentales et de concepts intellectuels est vivement déconseillé.

4. La demande de miséricorde, caractère essentiel de la prière du cœur et son présupposé théologique

Outre le nom lui-même, les autres parties de la prière ont, elles aussi, un fondement biblique. On peut relever deux prières caractéristiques dans l'Evangile : celle de l'aveugle « Jésus, Fils de David, aie pitié de moi » (Lc 18, 38) et celle du publicain « O Dieu aie pitié de moi pécheur » (Lc 18, 13). Pour les chrétiens, « fils de David » devient tout naturellement « Fils de Dieu ».

La prière du cœur qui reprend les paroles de

1. Moine anonyme. Cité par I. Hausherr, *Noms du Christ et voies d'oraison*, p. 279.

l'aveugle et du publicain est avant tout une prière de demande et une prière de repentir. La prière de l'hésychaste comme la prière de tout chrétien est une prière d'homme qui se reconnaît pécheur. « Le commencement du salut, c'est de se condamner soi-même » : aucune sentence ne sera répétée plus souvent que celle-là, sur tous les tons, par tous les maîtres de la spiritualité monacale : Antoine, Arsène, Ammoès, Poemen, Théodore de Phermé, Jean Colobos, Matoès, etc.

Plus nombreux encore les exemples, la mise en pratique de pareille doctrine. Tout, dans le mona-chisme, se rattache à elle : pleurer ses péchés constitue l'indispensable noviciat de la vie ascétique et plus encore la marque du progrès et l'apanage de la perfection. Si l'on entre dans la voie de salut par l'aveu de son état de pécheur, on y avancera par le même moyen : « Plus un homme approche de Dieu, plus il se voit pécheur. Le prophète Isaïe au moment où il vit Dieu s'appela un misérable et un impur », dit abba Matoès.

Les moines ont préféré la voie du « penthos » à toutes les autres, parce qu'ils la jugeaient plus efficace et mieux garantie contre l'illusion. Prier, pour eux, c'est avant tout tendre la main vers Dieu pour recevoir.

L'homme, disait saint Irénée, est par essence réceptacle de la bonté de Dieu. Encore faut-il qu'il accepte ce rôle humble et magnifique, et qu'il déclare l'accepter en priant avant de recevoir et en remerciant après avoir reçu : deux gestes issus de la même disposition intérieure, celle de la créature indigente devant le Créateur infiniment riche et sans nulle indigence.

Les moines remerciaient Dieu ; mais s'ils cachaient déjà leur « politeia » suppliante, à plus forte raison leur action de grâces; l'exemple du pharisien les épouvantait.

L'objet de la supplication, c'est le salut éternel et tout ce qui s'y rapporte directement. D'autres demandes, sans relation immédiate avec le salut, reçoivent cependant elles aussi bon accueil de la part du Seigneur qui souvent y répond par des miracles. Ces miracles font toucher du doigt la puissance de la prière. Mais la thaumaturgie n'a qu'un rôle absolument négligeable dans la vie des grands ascètes. Ils ont plus et mieux à demander : le suprême désirable pour eux, c'est Dieu lui-même, sa grâce, sa bienveillance, sa charité, son salut. Leurs fréquentes invocations ou interjections suppliantes ne font que donner une expression momentanée à quelque chose qui est permanent chez eux : l'attitude perpétuelle du mendiant devant le Seigneur du ciel et de la terre, ou du moins la persuasion habituelle de la nécessité d'une telle habitude.

Le traité de saint Nil l'exprime clairement : « Prie d'abord pour recevoir le don des larmes, afin d'amollir par la componction la dureté inhérente à ton âme, et, en confessant contre toi-même ton iniquité au Seigneur, obtenir de lui le pardon. » Nous sommes loin ici de l'attitude de celui qui invoque le Nom pour éveiller en lui les énergies de la vie divine. Il s'agit d'un homme qui se reconnaît pécheur et qui a besoin de la miséricorde de son Seigneur pour retrouver sa beauté première. Ainsi toute une théologie de Dieu-Créateur et de l'homme-créature est présupposée dans cette attitude, ainsi qu'une théologie de Dieu Rédempteur et Sauveur en Jésus-Christ, et de l'homme pécheur et sauvé en Jésus-Christ.

Pour avoir l'essentiel de la prière du cœur, il faut un nom du Sauveur qui contienne un acte de foi en

sa qualité de Messie, de Fils de Dieu, de Dieu c'est-
à-dire un acte d'adoration et une demande de pitié,
c'est-à-dire un acte de pénitence. « Aie pitié de
moi », cela veut dire aussi « donne-moi ton Esprit-
Saint, que je puisse mener la même vie que le Fils
tourné vers le Père dès le commencement, que je
puisse mener cette vie Trinitaire — qui est à la fois le
Paradis perdu et le Royaume à venir. »

5. *Le but de la prière du cœur*

L'important dans la prière du cœur, ce n'est pas
seulement l'énoncé de l'invocation, c'est aussi le but
que l'on poursuit.

Depuis Cassien jusqu'aux *Récits du Pèlerin russe,* il
semble bien que le but soit la perpétuité de la prière
ou l'union à Dieu par elle.

La recherche de la prière perpétuelle est à replacer
dans son contexte évangélique, car il s'agit bien, en
effet, d'obéir avant tout aux commandements du
Sauveur : « Il faut toujours prier et ne point se
relâcher » (Lc 18, 1), « Veillez et priez en tout
temps » (Lc 21, 36), paroles que reprendra l'apôtre
saint Paul par la suite : « Priez sans cesse » (1 Thess.
5, 17), « Faites en tout temps par l'Esprit toutes
sortes de prières » (Eph. 6, 18).

Ce sont ces exhortations qui mettent en route le
pèlerin : « Je suis, par la grâce de Dieu, chrétien ;
par mes actions, grand pécheur... Au 24e dimanche
après la Pentecôte, je me rendis à l'église pour y
prier pendant la messe. On lisait la première épître
de saint Paul aux Thessaloniciens et, entre autres,
les paroles suivantes : " Priez sans cesse. " Ce verset
se grava dans ma mémoire et je me mis à réfléchir
comment il était possible de prier sans cesse, puisque

l'homme est obligé de s'occuper de beaucoup d'autres choses...

« Que dois-je faire? pensai-je. Où trouverai-je quelqu'un qui me l'explique? Je vais visiter toutes les églises dans lesquelles il y a des prédicateurs renommés : peut-être y entendrai-je quelque chose qui pourra m'éclairer. C'est ce que je fis. J'entendis plusieurs excellents sermons sur la prière, ce que c'est que la prière, combien elle nous est nécessaire et quels en sont les fruits; mais personne ne disait comment on pouvait prier incessamment. J'entendis un sermon sur la prière continuelle et ininterrompue, mais on n'y indiquait pas les moyens d'y arriver [1]. »

Cette question, beaucoup d'autres se la sont posée une quinzaine de siècles plus tôt. Les moines ne sont pas allés dans les déserts pour y être malheureux en poursuivant des chimères, ni simplement pour se sacrifier à la Gloire de Dieu, mais pour réduire toutes leurs forces intimes à la recherche d'un seul but : l'amour et le service de Dieu; éliminer les soucis multiples qui rongent par les racines la vitalité spirituelle et installer en l'âme un seul souci, celui d'obtenir par l'unification intérieure le salut *(soteria)*, la santé totale où l'homme est heureux pour l'honneur et la plus grande gloire de son Créateur.

« Toute la fin du moine et la perfection du cœur consistent en une persévérance ininterrompue de la prière. Autant qu'il est donné à la fragilité humaine, c'est un effort vers l'immobile tranquillité d'âme et une pureté perpétuelle. Et telle est la raison qui nous fait affronter le labeur corporel, et rechercher de toutes manières la contrition du cœur, avec une

1. Les *Récits du Pèlerin russe,* traduit et présenté par Jean Laloy, cd, Seuil, Paris, 1966.

conscience que rien ne lasse. Aussi bien sont-ce là
deux choses unies d'un lien réciproque et indissoluble : tout l'édifice des vertus n'a qu'un but, qui est
d'atteindre à la perfection de la prière, mais sans ce
couronnement qui en assemble les diverses parties
de manière à en faire un tout qui se tienne, il n'aura
ni solidité ni durée. Sans les vertus, en effet, ni ne
s'acquiert ni ne se consomme la constante tranquillité de prière dont nous parlons, mais en revanche,
les vertus qui lui servent d'assise n'arriveront pas
sans elle à leur perfection (Cassien, coll. 9, c.2 —
P.L. 49, 771-2).

Royaume des cieux, pureté de cœur, oraison pure
et perpétuelle, béatitude : autant de noms ou
d'aspects divers de cette réalité infiniment riche qui
s'appelle la charité, et qui est non seulement une
ressemblance, mais une participation à Dieu Charité : la réalisation chrétienne de l'éternel rêve
humain, de « devenir semblable à Dieu dans la
mesure du possible » (Platon, *Théétète*, 176).

« C'est alors que nous verrons parfaitement réalisée la prière que notre Sauveur fit à son Père pour
ses disciples : " Que l'Amour dont vous m'avez aimé
soit en eux et eux en nous " (Jn 17, 21). La parfaite
dilection dont " Dieu nous aima le premier " passera
en notre cœur par l'accomplissement de cette prière
du Seigneur dont notre foi nous dit qu'elle ne saurait
être vaine. Et voici quels en seront les signes : Dieu
sera tout notre amour et notre désir, toute notre
étude et tous nos efforts, toute notre pensée, toute
notre vie, notre parole et notre respiration ; l'unité
qui existe actuellement du Père avec le Fils et du Fils
avec le Père nous sera communiquée dans le sentiment et dans l'esprit ; et de même que Dieu nous
aime d'une charité vraie et pure et qui ne meurt pas,
nous lui serons unis par l'indissoluble unité d'une

dilection sans défaillance, tellement attachés à lui,
que toute notre respiration, toute notre vie d'intelligence, tout notre parler ne seront que Lui.

« Ainsi parviendrons-nous à la fin que nous avons
dite et que le Seigneur souhaitait pour nous dans sa
prière : " Afin que tous soient un comme nous
sommes un, moi en eux et vous en moi, afin qu'ils
soient consommés dans l'Un "; " Père, ceux que
vous m'avez donnés, je veux que là où je suis, ils
soient avec moi " (Jn 17,24).

« Tel doit être le but du solitaire ; c'est à quoi doit
tendre tout son effort : mériter de posséder dès cette
vie une image de la future béatitude et d'avoir
comme un avant-goût, dans son corps mortel, de la
vie et de la gloire du ciel. Tel est, dis-je, le terme de
toute la perfection ; que l'âme soit à ce point délestée
des pesanteurs charnelles, qu'elle monte chaque jour
vers les sublimes réalités spirituelles, jusqu'à ce que
toute sa vie, tout le mouvement du cœur devienne
une prière unique et ininterrompue (Cassien, 9 c.7
— P.L. 49, 827-828).

Le but de la prière du cœur, c'est aussi l'entrée
dans la lumière. L'expérience consciente de la grâce
qui habite le cœur du chrétien depuis le baptême.
Les moines d'Orient insistent particulièrement sur
cette expérience de la lumière et la rattachent sans
cesse à l'expérience des apôtres sur le Mont Thabor.

« Nous ne parlons pas de choses que nous igno-
rons, dit Syméon le Nouveau Théologien, mais de ce
qui nous est connu nous rendons témoignage. Car la
lumière brille déjà dans les ténèbres, dans la nuit et
dans le jour, dans nos cœurs et dans nos esprits, elle
nous illumine, cette lumière sans déclin, sans changement, inaltérable, jamais éclipsée ; elle parle, elle
agit, elle vit, elle vivifie, elle transforme en lumière
ceux qu'elle illumine. Dieu est lumière et ceux qu'Il

rend dignes de le voir le voient comme lumière ; ceux qui l'ont reçu l'ont reçu comme lumière » (*Homélie LXXIX*, 2, 318-319).

Cette lumière ou illumination peut être définie comme le caractère visible de la divinité. Elle n'est pas d'ordre intellectuel, comme l'est parfois l'illumination de l'intellect prise dans son sens allégorique et abstrait. Elle n'est pas non plus une réalité d'ordre sensible. Cependant cette lumière remplit en même temps l'intelligence et les sens, se révélant à l'homme entier et non seulement à l'une de ses facultés. La lumière divine, étant une donnée de l'expérience mystique, surpasse en même temps tous les sens et l'intelligence.

« La lumière de l'intelligence, disent les moines athonites, est différente de celle qui est perçue par les sens. En effet, la lumière sensible nous révèle les objets propres à nos sens, tandis que la lumière intellectuelle sert à manifester la vérité qui est dans les pensées. Donc la vue et l'intelligence n'appréhendent pas une seule et même lumière, mais il est propre à chacune des deux facultés d'agir selon leur nature et dans leurs limites. Cependant, lorsque ceux qui en sont dignes reçoivent la grâce et la force spirituelle et surnaturelle, ils perçoivent par les sens aussi bien que par l'intelligence ce qui est au-dessus de tout sens et de tout intellect... Comment, cela n'est connu que de Dieu et de ceux qui ont eu l'expérience de la grâce » (P.G., t. 150, col. 1833 D.)

La lumière que les apôtres ont vue sur le Mont Thabor est propre à Dieu par nature. Eternelle, infinie, existant en dehors du temps et de l'espace, elle apparaissait dans les théophanies de l'Ancien Testament comme la gloire de Dieu : apparition terrifiante et insupportable pour les créatures, parce que extérieure, étrangère à la nature humaine avant

le Christ. C'est pourquoi d'après Syméon le Nouveau Théologien, Paul sur la route de Damas,
n'ayant pas encore la foi en Christ, fut aveuglé et
terrassé par l'apparition de la lumière divine (*Homélie LVII*, 36). Au contraire, Marie Madeleine, selon
Grégoire Palamas, a pu voir la lumière de la
Résurrection qui remplissait le tombeau et rendait
visible tout ce qui s'y trouvait, malgré les ténèbres,
« le jour sensible » n'ayant pas encore éclairé la
terre ; aussi cette lumière l'a rendue capable de voir
les anges et de converser avec eux (*Capita physica*,
P.G.T., t. 150, col. 1169 A).

Au moment de l'Incarnation, la lumière divine se
concentra pour ainsi dire dans le Christ, Dieu-
homme, en qui habitait corporellement la plénitude
de la divinité. Cela veut dire que l'humanité du
Christ était déifiée par l'union hypostatique avec la
nature divine ; que le Christ, lors de sa vie terrestre,
a toujours resplendi de la lumière divine, restée
invisible pour la plupart des hommes. La Transfiguration ne fut pas un phénomène circonscrit dans le
temps et dans l'espace : aucun changement ne
survint pour le Christ en ce moment même dans sa
nature humaine, mais un changement se produisit
dans la conscience des apôtres qui reçurent pour
quelque temps la faculté de voir leur Maître tel qu'il
était, resplendissant de la lumière éternelle de sa
divinité (Cf. Palamas, *Sermon XX* P.G. t. 151, col. 268
AB). C'était pour les apôtres une sortie de l'histoire,
une prise de conscience des réalités éternelles :

« La lumière de la Transfiguration du Seigneur
n'a pas commencé et n'a pas pris fin : elle resta
incirconscrite (dans le temps et l'espace) et imper-
ceptible pour les sens, bien qu'elle fût contemplée
par des yeux corporels... mais par une transmutation
de leurs sens les disciples du Seigneur passèrent de la

chair à l'Esprit » (Cf. Palamas ; *Sermon XX* P.G. 151, col. 433 B).

Prier sans cesse, invoquer le Nom de celui qui est notre Salut et notre Lumière, et devenir participant de sa Nature divine, tel est en bref le but de la prière du cœur dans le christianisme. Cela présuppose non seulement toute une théologie sur la Nature de Dieu — et sur sa Grâce qui nous rend « participants » — mais également toute une anthropologie, toute une conception de l'homme « capable » de recevoir cette Grâce et d'être transformé par elle.

II. PRÉSUPPOSÉS ANTHROPOLOGIQUES
DE LA PRIÈRE DU CŒUR

1. *Introduction*

Pour voir la lumière divine avec les yeux corporels, comme les disciples l'ont vue sur le Mont Thabor, il faut participer de cette lumière, être transformé par elle dans une mesure plus ou moins grande. L'expérience mystique suppose donc un changement de notre nature, sa transformation par la Grâce. Grégoire Palamas le dit explicitement : « Celui qui participe de l'énergie divine devient lui-même en quelque sorte lumière ; il est uni à la lumière et, avec la lumière, il voit en pleine conscience tout ce qui reste caché à ceux qui n'ont pas cette grâce ; il surpasse ainsi non seulement les sens corporels, mais aussi tout ce qui peut être connu par l'intelligence... car les purs de cœur voient Dieu... qui, étant lumière, habite en eux et se révèle à ceux qui l'aiment » *(Homélie sur la présentation de la Sainte Vierge au Temple,* 175-177).

Le corps n'est pas un obstacle dans l'expérience mystique. La dépréciation manichéenne de la nature corporelle est étrangère à l'ascétisme chrétien : « Nous n'appliquons pas le nom d'homme séparément à l'âme ou au corps, mais aux deux ensemble, car l'homme entier fut créé à l'image de Dieu », dit Grégoire Palamas *(Dialogues de l'âme et du corps,* P.G. t. 150 col. 1361 C).

Le corps doit être spiritualisé, devenir « un corps spirituel » selon l'expression de saint Paul. Notre fin dernière n'est pas seulement une contemplation intellectuelle de Dieu — s'il en était ainsi, la résurrection des morts serait inutile — les bienheureux verront Dieu face à face dans la plénitude de leur nature créée. C'est pourquoi le tome hagioritique prête dès ici-bas à la nature corporelle purifiée certaines « dispositions spirituelles » : « Si le corps doit prendre part avec l'âme aux biens ineffables du siècle futur, il est certain qu'il doit y participer, dans la mesure du possible, dès maintenant... car le corps lui aussi a l'expérience des choses divines quand les forces passionnelles de l'âme se trouvent non pas mises à mort mais transformées et sanctifiées [1]. »

Les méthodes employées par les hésychastes n'ont pas d'autre but que de préparer l'homme à cette transformation de tout son être sous l'emprise de la lumière divine. Elles n'ont, selon les moines, aucune efficacité en elles-mêmes. L'efficacité, nous l'avons vue, est dans la Présence lumineuse et Salvatrice de celui dont on invoque le Nom. Aussi avant d'aborder les techniques psycho-physiques employées par les hésychastes, il faut se souvenir que ces exercices ne doivent être utilisés qu'avec la plus grande discré-

---

1. « La méthode d'oraison hésychaste », Hausherr, *Orientala Christiana,* n° 36, Rome, 1927, p. 164.

tion car ils peuvent être dangereux si on les accomplit mal. En eux-mêmes ils reposent sur un principe anthropologique sûr et solide : l'unité du composé humain, corps et âme, et sur le fait que, par conséquent, le corps a un rôle positif à jouer dans la prière, mais les auteurs orthodoxes insistent pour que ceux qui pratiquent ces méthodes se placent sous la direction constante d'un père spirituel expérimenté.

Comme le dit Nicéphore le Solitaire : « Le bon effet de l'exercice échoit à la plupart, pour ne pas dire à tous, par le canal de l'enseignement. Il est très rare qu'on reçoive de Dieu en se passant de maître, par la seule rigueur de l'action et de la ferveur de la foi, or exception ne fait pas loi. Il importe donc de se chercher un maître infaillible : ses leçons nous apprendront nos écarts à droite ou à gauche, et aussi nos excès en matière d'attention ; son expérience personnelle de ces épreuves nous éclairera à leur sujet et nous montrera, à l'exclusion de tout doute, le chemin spirituel qu'alors nous pourrons parcourir sans difficulté. Si tu n'as pas de maître, cherches-en un à tout prix. Si tu n'en trouve pas, invoque Dieu dans la contrition de l'esprit et dans les larmes, supplie-le dans le dépouillement et fais ce que je te dis. »

En l'absence de staretz, il vaut beaucoup mieux pratiquer la prière en elle-même, sans aucunement se soucier des techniques somatiques, d'après l'évêque Briantchaninoff : « Il ne faut pas essayer de pratiquer cette technique mécanique, à moins qu'elle ne s'établisse par elle-même... La méthode mécanique est avantageusement remplacée par une répétition paisible de la prière ; il faut faire une pause brève entre chaque invocation ; la respiration doit être calme et paisible et l'intellect doit être dans les mots de la prière. »

Néanmoins, la collaboration du corps à la prière
a été non seulement recommandée, mais exigée des
pères qui se sont attachés à l'enseignement de la
prière. Dès le VIe siècle, Jean Climaque parlait
déjà de l'union de la respiration à la prière. C'est
cependant le texte très important intitulé *Méthode
d'oraison* (longtemps attribué à Syméon le Nouveau
Théologien, mais qui serait de Nicéphore le Solitaire, Italien d'origine, converti à l'orthodoxie et
ermite au Mont Athos au XIIIe siècle) qui donne à
la prière son caractère psychosomatique.

« Assis dans une cellule tranquille, à l'écart dans
un coin, fais ce que je te dis ; ferme la porte et
élève ton esprit au-dessus de tout objet vain et
temporel, ensuite appuyant ta barbe sur ta poitrine et tournant l'œil corporel avec tout l'esprit
sur le milieu du ventre, autrement dit le nombril,
comprime l'aspiration d'air qui passe par le nez de
façon à ne pas respirer à l'aise et explore mentalement le dedans de tes entrailles pour y trouver
l'âme. Dans les débuts tu trouveras une ténèbre et
une épaisseur opiniâtres, mais en persévérant et en
pratiquant cette occupation de jour et de nuit, tu
trouveras, ô merveille, une félicité sans borne. Sitôt
en effet que l'esprit trouve le lieu du cœur, il
aperçoit tout à coup ce qu'il n'avait jamais su : car
il voit l'air existant au centre du cœur, et il se voit
lui-même tout entier lumineux et plein de discernement, et dorénavant, dès qu'une pensée pointe,
avant qu'elle ne s'achève et ne prenne une forme,
par l'invocation de Jésus-Christ il la pourchasse et
l'anéantit. Dès ce moment l'esprit, dans son ressentiment contre les démons, réveille la colère qui
est selon sa nature et frappe les ennemis spirituels.
Le reste, tu l'apprendras avec l'aide de Dieu en
pratiquant la garde de l'esprit et retenant Jésus

dans le cœur, car, dit-on, assieds-toi dans ta cellule et celle-ci t'apprendra toutes choses. »

Le retentissement de ce texte sera considérable et à l'origine de multiples discussions. Nous y trouvons les thèmes fondamentaux à partir desquels nous pourrions constituer une « anthropologie de l'hésychasme » :

— le thème de l'assise solitaire,
— le thème du souffle,
— le thème du cœur,
— le thème de la descente de l'esprit vers les entrailles à la recherche du lieu du cœur.

2. Anthropologie de la prière hésychaste

a) Le thème de l'assise solitaire : la posture de l'hésychaste

Au lever et surtout au coucher du soleil, disent les textes de la philocalie, il importe pour prier de s'enfermer « dans une cellule tranquille et obscure et de s'asseoir sur un escabeau [1] ». Alors que pour les commençants la prière du cœur se dit debout avec et sans prosternations, il est recommandé ici de s'asseoir et de s'incliner en comprimant la poitrine, soit simplement en y appuyant le menton, soit en se courbant à l'extrême, dans un mouvement « circulaire » du corps, la tête tendant vers les genoux non sans une « douleur de la poitrine, des épaules et de la nuque » : « Dès le matin, assieds-toi sur un siège bas, d'une demi-coudée, refoule ton esprit de ta

---

1. Calliste et Ignace Xanthopouloi, « Méthode et règle détaillée », *Petite Philocalie de la prière du cœur*, traduite et présentée par J. Gouillard, Seuil, p. 214.

raison dans ton cœur et maintiens-l'y, cependant
que laborieusement courbé, avec une vive douleur
de la poitrine, des épaules et de la nuque, tu crieras
avec persévérance dans ton esprit ou ton âme
" Seigneur Jésus-Christ ayez pitié de moi[1]. " »

« Tu resteras patiemment assis à cause de celui
qui a dit : " persévérant dans la prière " (Actes 1,
14), tu ne seras pas pressé de te lever par négligence
à cause de la douleur pénible de l'invocation intérieure de l'esprit et de l'immobilité prolongée[2]. »
« Voici, dit le prophète, que m'ont pris les douleurs
de l'enfantement » (Jér. 6, 24).

On n'a pas manqué de critiquer l'attitude de
prière des hésychastes, surtout lorsqu'il leur est
demandé de diriger leur regard vers le nombril, les
traitant « d'onphalopsyques » (ceux qui mettent
l'âme au nombril). Marc de Smedt note dans un
livre[3] où il compare un certain nombre de techniques de méditation : « Un dos droit, une colonne
vertébrale souple, sont des conditions essentielles
pour une vie saine et une conscience claire. Les
vertèbres forment un axe à partir duquel tout le
corps tient en place, et l'importance de cette zone au
niveau neuro-végétatif est essentielle. La méditation
active doit faire travailler le dos, le redresser, le
cambrer. Certaines méditations ne se soucient pas
de la posture du dos, ce qui est une grave erreur :
ainsi la prière de Jésus pratiquée par des moines
orthodoxes, courbés sur eux-mêmes, les yeux dans
le nombril ; cette attitude schizophrénique amène-

---

1. Grégoire le Sinaïte, *Petite Philocalie de la prière du cœur,*
op. cit. p. 183.

2. *Ibid.*, p. 191.

3. Marc de Smedt, *50 Techniques de méditation*, Retz, 1979,
p. 30.

t-elle vraiment l'éveil ou bien repli sur soi, fuite des réalités, retour au cordon matriciel ? La posture droite de l'être humain a été gagnée sur l'animalité et l'on voit bien cette évolution en comparant attitudes et squelettes de nos lointains ancêtres. Et la dignité du maintien que l'on retrouve dans les statues du Bouddha donne une image idéale de l'équilibre harmonieux, serein et attentif auquel nous pouvons prétendre. »

Le moine hésychaste ne recherche pas, il est vrai, un « équilibre serein », mais l'union au Dieu vivant à travers le repentir et son attitude n'a pas à être celle d'un Bouddha, néanmoins ces remarques ne manquent pas d'être pertinentes.

Olivier Clément donne à cette posture courbée et à ce regard vers le nombril une tout autre signification : « La fixation du regard sur le nombril, c'est-à-dire sur le centre vital de l'homme, n'est pas une simple commodité de concentration, mais signifie que toute la force vitale de l'homme, se métamorphosant dans le " cœur conscient ", doit elle aussi devenir offrande. Dieu, dit Grégoire Palamas, peut ainsi faire sienne " la partie concupiscible " de l'âme, il peut " ramener le désir à son origine " c'est-à-dire à l'eros pour Dieu dont parle Jean Climaque. Ainsi le corps lui aussi s'attache à Dieu par la force même de ce désir [1]. »

Grégoire Palamas, se faisant l'écho des moines qu'il défend, justifie ainsi la posture hésychaste : « L'esprit accomplit les actes extérieurs de sa fonction suivant un mouvement longitudinal, pour parler comme Denys ; mais aussi il revient à lui-même et opère en lui-même son acte quand il se regarde :

1. Olivier Clément, *La Prière du cœur*, éd. Bellefontaine, 1977, p. 96.

c'est ce que Denys appelle mouvement circulaire. C'est là l'acte le plus excellent, l'acte propre, s'il en est, de l'esprit. C'est par cet acte qu'à certains moments il se transcende pour s'unir à Dieu (*Noms divins,* chap. IV).

« Ils mentent donc et sont dans l'erreur ceux qui persuadent les gens qu'il vaut mieux, durant la prière, tenir leur esprit hors de leur corps... Un grand docteur a écrit que " depuis la transgression, l'homme intérieur se modèle sur les formes extérieures ". Comment dès lors celui qui veut introvertir son esprit et lui imposer, au lieu du mouvement longitudinal, le mouvement circulaire et infaillible, n'aurait-il pas grand profit, plutôt que de promener son regard de-ci, de-là, à le caler sur sa poitrine ou son nombril ? En se ramenant extérieurement en cercle, il imite le mouvement intérieur de son esprit et, par cette attitude du corps, il introduit dans son cœur la puissance de l'esprit que la vue répand au-dehors. S'il est vrai que la puissance de la bête intérieure a son siège dans la région du nombril et du ventre, pourquoi ne pas la maîtriser en maîtrisant son domaine par l'exercice de la prière du cœur [1]... ? »

On peut discuter sur le bien-fondé de la posture. Ce qu'il faut retenir, c'est l'attitude anthropologique, une attitude d'attention de l'homme tout entier. Palamas en cela se fait l'écho non seulement des moines, mais aussi de la tradition biblique.

« Prends garde à toi, a dit Moïse (Dt 15, 9). A tout toi-même. Non pas à ceci et pas à cela... Ne laisse sans surveillance aucune partie de ton âme et de ton corps. Ainsi tu franchiras la zone des

_____
1. Grégoire Palamas, *Philocalie,* Gouillard, p. 203-205.

tentations inférieures et tu te présenteras avec assurance à Celui qui " scrute les reins et les cœurs ", car tu les auras d'abord scrutés toi-même[1]. »

b) *Le thème du souffle : la respiration de l'hésychaste*

Au commencement, « l'Esprit de Dieu planait sur les eaux ». « Ruach », que l'on traduit généralement par Esprit, serait mieux rendu par « Souffle ». C'est ce souffle qui donne au composé humain *(nephesch-basar)* sa consistance, sa beauté et son sens.

« Le Seigneur Dieu forma l'homme de la poussière de la terre, il souffla dans ses narines un souffle de vie et l'homme devint un vivant » (Genèse, 2, 7). C'est dire l'importance du souffle dans l'anthropologie hébraïque et la notion même de Shabbat tourne autour de ce thème du souffle. Le jour du Shabbat est un jour où l'homme « assis devant Dieu » s'arrête pour « souffler » et reprendre haleine dans le souffle de Dieu.

Les hésychastes, à la recherche du Repos spirituel, entrent dans une sorte de Shabbat intériorisé : ils s'assoient devant Dieu et cherchent à mêler leur souffle au souffle de Dieu.

Jean Climaque dit : « Que le souvenir de Jésus soit attaché à ta respiration, alors tu connaîtras le secours de l'hésychia », et saint Hesychius : « Si tu veux vraiment couvrir de honte les pensées, vivre sans mal l'hésychia, avoir un cœur sobre avec aisance, que la prière de Jésus s'attache à ta respiration[2]. » « Il faut se souvenir de Dieu comme

1. *Ibid.*, p. 207.
2. *Philocalie des Pères neptiques*, éd. Bellefontaine, 1979, p. 75.

on respire. Pense à Dieu plus souvent que tu ne respires[1]. »

Le but de cette attention à la respiration c'est la réunification de tout l'homme afin qu'il devienne capable d'unir son esprit (son souffle) à l'Esprit (Souffle) de Dieu.

« Que tu doives retenir ton souffle, Isaïe l'anachorète l'atteste et bien d'autres avec lui. " Discipline ton esprit indiscipliné, dit Isaïe, c'est-à-dire l'esprit bousculé et dissipé par la puissance ennemie, que la négligence ramène après le baptême avec tous ses mauvais esprits " (Mt 12, 45). Lors de notre purification, nous avons reçu les arrhes de l'Esprit et les Semailles du Verbe intérieur (Gal. 1, 21)... mais la négligence des commandements nous a fait retomber dans les passions et, au lieu de respirer l'Esprit-Saint, nous sommes remplis du souffle des esprits mauvais[2]. »

Nicodème l'Hagiorite (1749-1809) résume bien la tradition à ce sujet et montre l'articulation de ce thème de la respiration avec le thème du cœur, vers lequel tous les exercices respiratoires sont orientés : « Pourquoi faut-il retenir sa respiration durant la prière ? Parce que votre esprit — l'acte de votre esprit — a coutume de se répandre et de se disperser sur les objets sensibles et extérieurs du monde. Quand vous dites cette sainte prière, ne respirez pas continuellement comme la nature a accoutumé, mais retenez un peu votre respiration, jusqu'à ce que votre verbe intérieur ait dit une fois la prière. Alors respirez, suivant l'enseignement des pères :

« — parce que la rétention mesurée de la respiration tourmente, comprime et par suite fait peiner le

---

1. *Ibid.*, p. 87.
2. Grégoire le Sinaïte, *Philocalie*, Gouillard, p. 185.

cœur, qui ne reçoit pas l'air réclamé par sa nature. L'esprit de son côté, grâce à cette méthode, se recueille plus facilement et revient au cœur en raison à la fois de la peine et de la douleur du cœur et du plaisir qui naît de ce souvenir vif et ardent de Dieu...

« — parce que la rétention mesurée de la respiration subtilise le cœur dur et épais, et les éléments humides du cœur, convenablement comprimés, échauffés, deviennent de ce fait plus tendres, plus sensibles, humbles, mieux disposés à la componction et plus aptes à verser facilement des larmes. Le cerveau, d'autre part, se subtilise lui aussi et, du même coup, avec lui, l'acte de l'esprit qui devient uniforme, transparent, plus apte à l'union que procure l'illumination surnaturelle de Dieu...

« — par cette rétention mesurée de la respiration, toutes les autres puissances de l'âme s'unissent aussi et reviennent à l'esprit et par l'esprit à Dieu, ce qui est admirable à dire. Ainsi l'homme offre à Dieu toute la nature sensible et intellectuelle dont il est le lieu et la synthèse, suivant Grégoire de Thessalonique[1]. »

— liée à la posture circulaire, l'attention au souffle permet à l'hésychaste de se réunifier et de se rendre docile au Souffle de l'Esprit. Sa respiration est orientée vers le cœur qu'il faut convertir et rendre habitable pour Dieu. En ce sens, les hésychastes restent fidèles à l'anthropologie biblique et obéissent à l'invitation des prophètes : « revenir à son cœur » et changer ce cœur de pierre en un cœur de chair.

c) Le thème du cœur, son importance dans la prière hésychaste

Quand, en Occident, on parle du cœur, on entend généralement par là les émotions et les affections ;

1. Cf. *Philocalie*, Gouillard.

mais dans la Bible comme dans les écrits des hésychastes, le cœur a une signification beaucoup plus riche : c'est l'organe principal de l'être humain, physique et spirituel; c'est le centre de la vie, le principe déterminant de toutes ses activités et de toutes ses aspirations. Le cœur inclut également les émotions et les affections, mais signifie bien davantage : il embrasse tout ce que nous appelons une « personne ».

Le cœur, pour la tradition ascétique de l'Eglise, est le centre de l'être humain, la racine des facultés actives, de l'intellect et de la volonté, le point d'où provient et vers lequel converge toute la vie spirituelle. Source de tous les mouvements psychiques ou spirituels, le cœur, selon saint Macaire d'Egypte, est « une officine de la justice et de l'iniquité », c'est un vase qui contient tous les vices, mais en même temps on y trouve « Dieu, les anges, la vie, le royaume, la lumière, les apôtres, les trésors de la grâce » (*Nom spirit.* XV, 32 P.G., t. 34, col. 597 B).

« Lorsque la Grâce s'empare des pâturages du cœur, elle règne sur toutes les parties de la nature, sur toutes les pensées; car l'esprit et toutes les pensées de l'âme se trouvent dans le cœur » (XLIII, 7 col. 776 0). C'est pourquoi la Grâce passe avec le souffle dans toute la nature de l'homme.

« Le cœur, c'est l'homme profond. C'est en lui que se trouve la connaissance, l'idée de Dieu et de notre dépendance totale vis-à-vis de Lui, et de tous les trésors éternels de la vie spirituelle. Le mot cœur doit être compris non dans son sens ordinaire, mais au sens de l'homme intérieur, — selon saint Paul et saint Pierre : " l'homme caché du cœur " [1]. »

---

1. Cf. Théophane le Reclus, in *L'Art de la prière*, éd. Bellefontaine, 1976, p. 262 ss.

La question qu'avaient à résoudre les hésychastes était celle-ci : où, dans quel lieu l'Esprit opère-t-il dans l'homme ? faut-il sortir de soi pour avoir part à la divinité ou, au contraire, le Royaume est-il au-dedans de nous ? S'il est au-dedans de nous, comme le dit l'Evangile, quel est son siège ? Y a-t-il un organe qui lui corresponde ? On reconnaît là l'esprit sémitique et l'anthropologie biblique qui ne sépare pas le corps de l'esprit.

« Les uns placent l'esprit dans le cerveau comme dans une sorte d'acropole ; d'autres lui attribuent la région centrale du cœur, celle qui est pure de tout souffle animal. Pour nous, nous savons de science certaine que notre âme raisonnable n'est pas au-dedans de nous comme elle serait dans un vase — puisqu'elle est incorporelle — pas plus qu'au-dehors — puisqu'elle est unie au corps — mais qu'elle est dans le cœur comme dans son organe.

Nous ne le tenons pas d'un homme, mais bien de Celui qui a façonné l'homme : « Ce n'est pas ce qui entre dans la bouche qui souille l'homme, mais bien ce qui en sort... car c'est du cœur que viennent les mauvaises pensées » (Mt 15, 11, 19)...

« C'est donc là, dit Macaire, qu'il faut regarder pour voir si la Grâce y a gravé les lois de l'Esprit. Où donc ? Dans l'organe directeur, le trône de la Grâce, là où se trouvent l'esprit et toutes les pensées de l'âme, bref dans le cœur. Tu mesures maintenant la nécessité, pour ceux qui ont résolu de se surveiller dans la quiétude, de ramener, de reclure leur esprit dans leur corps et surtout dans ce corps au sein du corps, que nous appelons cœur [1]. »

Le thème du cœur chez les hésychastes est indissociable du thème de l'esprit ou de l'intellect qu'il faut

---

1. Palamas, *Philocalie*, Gouillard, p. 203.

toujours, par le moyen du souffle, faire descendre
dans le cœur. C'est là qu'il retrouvera la paix et la
Présence de Celui-là seul qui peut le combler.

« Assis dans le calme de ta cellule et recueillant
ton esprit *(ùons)*, fais-le entrer — l'esprit — par la
voie où le souffle pénètre dans le cœur. Pousse-le et
force-le à demeurer avec le souffle inspiré dans le
cœur. Dès qu'il y est entré, la peine et l'effort
disparaîtront, la joie et la grâce se feront sentir et les
choses qui doivent suivre se feront d'elles-mêmes
pour toi. De même qu'un homme qui était parti loin
de sa maison exulte de joie quand il revient, car il lui
a été donné de revoir ses enfants et sa femme, de
même l'esprit, quand il s'unit à l'âme, s'emplit de
plaisir et de réjouissances ineffables[1]. »

d) *Le thème de la descente de l'esprit dans le cœur ou l'œuvre de la prière*

Selon l'évêque Ignace Briantchaninoff, la nature
spirituelle de l'homme est double. Les deux pôles
sont d'une part « le cœur », source des « sentiments », des « intuitions » par lesquelles l'homme
connaît Dieu directement, sans participation de la
raison, d'autre part la tête (ou le cerveau), siège de
la pensée claire de l'intelligence. L'intégrité de la
personne réside dans le rapport harmonieux de ces
deux forces spirituelles. Sans la participation de
l'intelligence, les intuitions du cœur restent des
impulsions obscures. De même, sans le cœur, qui est
le centre de toutes les activités et la racine profonde
de sa propre vie, l'esprit-intelligence est impuissant.

Ontologiquement, la conséquence de la chute
pour l'homme est précisément cette désagrégation

---

1. *Philocalie des Pères neptiques*, p. 72.

spirituelle par laquelle sa personnalité est privée de son centre et son intelligence se disperse dans un monde qui lui est extérieur. Le lieu de cet éparpillement de la personnalité dans le monde des choses, c'est la tête. Par le cerveau, l'esprit connaît un monde qui lui est extérieur en même temps qu'il perd le contact des mondes spirituels dont le cœur aveugle et impuissant pressent cependant obscurément la réalité. Pour reconstruire la personne dans la grâce, il faut donc retrouver un rapport harmonieux entre l'intelligence et le cœur.

« Vous devez descendre de votre tête dans votre cœur. Pour le moment, vos pensées sont dans votre tête. Et Dieu, lui, semble être en dehors de vous ; aussi votre prière et tous vos exercices spirituels restent extérieurs. Tant que vous serez dans votre tête, vous ne pourrez pas maîtriser vos pensées, qui continuent à tourbillonner comme la neige sous le vent d'hiver ou les moustiques pendant les chaleurs de l'été[1]. »

« Si vous descendez dans le cœur, vous n'aurez plus aucune difficulté. Votre tête se videra et vos pensées tariront. Elles sont toujours dans la tête, se pourchassant l'une l'autre, et on ne parvient pas à les contrôler. Mais si vous entrez dans votre cœur, et si vous êtes capable d'y rester, alors chaque fois que les pensées vous envahiront, vous n'aurez qu'à descendre dans votre cœur et les pensées s'envoleront. Vous vous trouverez dans un havre réconfortant et sûr. Ne soyez pas paresseux, descendez. C'est dans le cœur que se trouve la vie, c'est là que vous devez vivre[2]... »

« Comment faut-il interpréter l'expression

---

1. Théophane le Reclus, in *L'Art de la prière*, p. 252.
2. *Ibid.*

" concentrer l'intellect dans le cœur " ? L'intellect est là où se trouve l'attention. Concentrer l'intellect dans le cœur veut dire établir l'attention dans le cœur, et voir devant soi, mentalement, le Dieu invisible et toujours présent. Cela veut dire se tourner vers Lui dans la louange, l'action de grâces, la supplication, tandis qu'on veille à ce que rien d'extérieur ne pénètre dans le cœur. C'est tout le secret de la vie spirituelle [1]. »

Sachant cela, il est possible de comprendre ce que les hésychastes veulent dire quand ils décrivent la prière comme l'état de celui qui « se tient devant Dieu avec l'intellect dans le cœur ». Aussi longtemps que le chrétien parle avec l'intellect dans la tête, il agit uniquement avec les ressources de l'intelligence humaine, et, à ce niveau, il ne réalisera jamais une rencontre personnelle et immédiate avec Dieu. Par l'usage de son cerveau, il peut savoir quelque chose « au sujet » de Dieu, mais il ne peut connaître Dieu. S'il n'y a de connaissance de Dieu que dans l'amour — « celui qui aime connaît Dieu » (1 Jn 3, 7) —, cet amour ne peut venir du cerveau seul, mais de l'homme tout entier c'est-à-dire du cœur. Il faut donc que le chrétien retrouve une anthropologie plus biblique qui ne donne pas le primat aux travaux de l'intellect, mais à l'intégration de toutes les puissances volitives-émotives-intellectuelles dans le cœur. Il ne lui est pas demandé d'abandonner son intelligence — la raison aussi est un don de Dieu — mais il doit descendre « avec son intellect dans le cœur. »

Syméon le Nouveau Théologien nous rappelle qu' « au début, cet effort (unir l'intellect et le cœur) apparaît étrangement aride, il ne laisse prévoir

---

1. Théophane le Reclus, in *L'Art de la prière*, p. 253-254.

aucun fruit. L'intellect dans son effort à s'unir au cœur, rencontre tout d'abord d'infranchissables ténèbres, un cœur cruel et en sommeil qui ne s'éveille pas promptement à la compassion envers l'intellect [1] ». Mais avec de la persévérance, on goûte bientôt quelques-uns des fruits de la prière du cœur : « Invoqué par la prière du cœur, le Christ envoie dans le cœur une force spirituelle appelée paix du Christ, que l'intelligence ne peut comprendre, que la parole ne peut exprimer, qui ne peut être atteinte que par une expérience bienheureuse de manière parfaitement incompréhensible... Ce qui était effort et lutte dans le stade de la " praxis " est devenu en quelque sorte état de facilité dans le stade de l'" apatheia "... Jusqu'à l'union, l'ascète accomplit les commandements avec la plus grande difficulté, en forçant et contraignant son être déchu ; après l'union de l'intellect et du cœur, la force spirituelle qui unit l'intellect au cœur les attire vers l'accomplissement des commandements, les rend légers, aisés, pleins de douceur comme dit le psalmiste [2]. »

3. Les effets de la prière du cœur

a) Affirmation de l'expérience et discernement

« La prière du cœur me rendait si heureux que je ne pensais pas qu'on pût l'être plus sur terre, et je me demandais comment les délices du royaume des cieux pouvaient être plus grands que ceux-là. Ce bonheur n'illuminait pas seulement l'intérieur de

---

1. Cité par Simonod, *La Prière de Jésus*, éd. Présence, 1976, p. 46.
2. Ignace Briantchaninoff, cité par Simonod, p. 47.

mon âme; le monde extérieur aussi m'apparaissait sous un aspect ravissant, tout m'appelait à aimer et à louer Dieu; les hommes, les arbres, les plantes, les bêtes, tout m'était comme familier et partout je trouvais l'image du nom de Jésus-Christ. Parfois je me sentais si léger que je croyais n'avoir plus de corps et flotter doucement dans l'air; parfois je rentrais entièrement en moi-même, je voyais clairement mon intérieur et j'admirais l'édifice admirable du corps humain; parfois je sentais une joie aussi grande que si j'étais devenu roi, et au milieu de toutes ces consolations, je souhaitais que Dieu me permît de mourir au plus tôt et de faire déborder ma reconnaissance à ses pieds dans le monde des esprits [1]. »

Ce bonheur, fruit de la prière, dont nous parle le pèlerin, se retrouve dans de nombreux textes de la philocalie avec les mises au point nécessaires, car le domaine des « sensations spirituelles » peut aussi devenir le domaine de toutes les illusions.

« A ce malheur (l'illusion) sont soumis ceux qui s'exercent à la prière et qui en ont exclu l'usage du repentir. Cette exclusion du repentir excitant en eux-mêmes un amour sentimental pour Dieu, la saveur, l'enthousiasme, ils ne font ainsi qu'accroître leur état de déchéance [2]. »

« Que l'intellect, lorsqu'il commence d'être mû fréquemment par la lumière divine, devienne tout entier transparent au point de voir à un haut degré sa propre lumière, il est impossible d'en douter. Cela se produit lorsque la puissance de l'âme s'est rendue maîtresse des passions. Mais tout ce qui se montre à l'intellect sous une forme quelconque, lumière ou feu, provient des machinations de l'adversaire.

---

1. *Récits du Pèlerin russe*, p. 149-150.
2. Ignace Briantchaninoff, cité par Simonod, p. 39.

« Le divin Paul nous l'enseigne nettement quand il dit qu' " il se déguise en ange de lumière " (2 Cor. 11, 14). Qu'on n'aille donc pas embrasser la vie ascétique poussé par un espoir de cette nature... mais le but est d'arriver à aimer Dieu en toute intimité et plénitude de cœur[1]. »

Affirmation de l'expérience et discernement : deux constantes dans les textes hésychastes. Les effets de la prière varient suivant le niveau de purification et de simplicité du cœur que l'on a atteint — ainsi Théophane peut presque établir une « échelle » de ces différents effets :

« Au commencement vient la prière souverainement pure, d'où procède une chaleur dans le cœur, puis une étrange et sainte énergie, ensuite les divines larmes du cœur et la paix qu'elles renferment, de toutes les pensées d'où jaillissent la purification de l'esprit et la contemplation des mystères divins.

« Après elle, indiciblement, un embrasement et une illumination du cœur[2]... »

Chaleur, larmes, paix, purification de l'esprit, contemplation, illumination... autant d'étapes sur lesquelles il faudrait s'arrêter longuement afin d'en dégager les implications anthropologiques et aussi leur risque d'illusion.

Ce qui est sûr, c'est que cette recherche de l'expérience immédiate est un fait de toute la tradition hésychaste. Le sentiment de plénitude et de certitude *(plerophoria)*, si vigoureusement affirmé par un Macaire et un Diadoque, hantera toute une partie de la tradition mystique de Byzance, et en particulier Syméon le Nouveau Théologien, pour qui il n'est d'habitation du Saint-Esprit dans le cœur

---

1. Diadoque de Photicé, *Philocalie*, Gouillard, p. 61.
2. *Philocalie*, Gouillard, p. 25.

que consciente[1] : « A n'en pas douter, le Christ se manifeste selon ce qu'il a dit lui-même à ceux qui gardent ses commandements, et par cette manifestation, le Saint-Esprit leur est communiqué et par le Saint-Esprit, enfin, lui-même et le Père demeurent inséparablement avec eux. De tels hommes ne parlent plus en rien de leur propre fonds...

« Tu as donc appris, mon très cher, que le royaume de Dieu est, si tu le veux, au-dedans de toi et tous les biens éternels à la portée de tes mains.

1. Discours de Syméon le Nouveau Théologien « sur ceux qui pensent avoir inconsciemment en eux l'Esprit-Saint, sans aucun sentiment de sa vertu ; et sur ceux qui disent que nul homme ne peut en la vie présente voir sa Gloire. Démonstration scripturaire à ce sujet, et que les saints n'ont aucune jalousie lorsque, par une totale application à la vertu, nous les égalons. De quelle manière on voit Dieu et que celui qui a suffisamment progressé jusqu'à voir Dieu autant qu'il se peut est dès maintenant initié à la jouissance réservée dans l'avenir aux saints, et que tout ce que dit ou fait ou écrit un tel homme, ce n'est pas lui, mais l'Esprit-Saint parlant en lui qui le dit et l'écrit. Celui au contraire qui récuse et élude par de faux raisonnements ses paroles pèche et blasphème contre l'Esprit de Dieu agissant et parlant par lui » (*Orientala christiana*, 36-1927). Textes de l'Ecriture cités par Syméon : « Vous tous qui avez été baptisés en Christ vous avez revêtu le Christ » (Gal. 3, 27). « N'éteignez pas l'Esprit » (1 Th. 5, 19). « Celui qui m'a vu a vu le Père » (Jn 14, 19). « Si vous m'aviez connu, vous auriez connu aussi mon Père » (Jn 8, 9). « Bienheureux les cœurs purs, ils verront Dieu » (Mt 5,8). « Celui qui m'aime gardera mes commandements et moi je l'aimerai et me manifesterai à lui » (Jn 14, 21). « Maintenant je vois dans un miroir et en énigme ; alors je verrai face à face. Maintenant je connais partiellement, alors je connaîtrai comme je suis connu moi-même » (1 Co 13, 12). « Maintenant nous sommes enfants de Dieu, et ce que nous serons n'a pas encore paru, mais nous savons que lorsque cela paraîtra nous serons semblables à lui » (1 Jn 3, 2).

Efforce-toi donc de voir et de recevoir et d'acquérir toi-même ces trésors et ne t'expose pas, en te flattant de les posséder, à en être privé entièrement. Pleure, prosterne-toi comme jadis l'aveugle, à ton tour maintenant, et dis : Aie pitié de moi, Fils de Dieu, et ouvre les yeux de mon âme, afin que je voie la lumière du monde, c'est-à-dire toi, qui es Dieu et que je devienne fils du jour divin, moi aussi ; ne me laisse pas comme indigne, sans part à ta divinité, Dieu Bon ; montre-toi à moi, que je connaisse que tu m'as aimé, Seigneur, pour avoir gardé tes divins commandements ; envoie-moi aussi, ô Miséricordieux, ton Paraclet, pour qu'Il m'enseigne Lui-même ta connaissance et m'annonce tes secrets, ô Dieu de toutes choses ; rayonne en moi la lumière véritable, ô Dieu riche en pitié, afin que je voie ta gloire, la gloire que tu avais avant que le monde fût, auprès de ton Père ; demeure comme tu as dit en moi aussi, afin que moi aussi je devienne digne de demeurer en toi et qu'alors j'entre constamment en toi et prenne constamment possession de toi en moi. Daigne, ô invisible, prendre une forme en moi afin que, regardant ton incompréhensible beauté, je porte ton image, ô toi qui es au-dessus du ciel, et que j'oublie toutes choses visibles ; donne-moi la gloire que t'a donnée ton Père, afin que je devienne semblable à toi, Dieu, selon la grâce, et que je sois avec toi sans interruption maintenant et toujours. Amen. »

b) Les effets de la prière : feu et larmes

« De la prière du cœur naît une chaleur. Il est écrit : " Mon cœur brûlait en moi " et dans ma méditation un feu s'alluma (Ps 39,4). C'est là le feu que Notre Seigneur Jésus-Christ est venu jeter sur la terre de nos cœurs qui, autrefois, sous les passions, portait des épines, mais maintenant, sous la grâce, porte l'Esprit. Lui-même l'a dit : " Je suis venu jeter un feu sur la terre et combien je voudrais qu'il fût déjà allumé " (Lc 12,49).

« C'est le feu qui s'alluma autrefois en Cléopas et en son compagnon, qui les réchauffa, et leur fit dire l'un à l'autre, comme hors d'eux-mêmes : " Notre cœur n'était-il pas tout brûlant tandis qu'il nous parlait en chemin ? " (Luc, 24,42).

« ... C'est de cette chaleur qui vient de la grâce de la contemplation que naît le flux des larmes. Des larmes continuelles, l'âme reçoit la paix des pensées, elle s'élève à la pureté de l'intelligence. Et, par la pureté de l'intelligence, l'homme se met à voir les mystères de Dieu[1]. »

Pour les hésychastes comme pour Bernanos, le mal, l'enfer, c'est le froid. Dieu est le Soleil intérieur qui rend « liquide » le cœur des saints.

c) Les effets de la prière : le silence, l'hésychia

La chaleur, les larmes, purifient le cœur et le préparent à la vision de Dieu dans le silence et l'hésychia. Ce silence du cœur, vide de toutes pensées, est une des conditions et un effet de l'hésychia que cherche le moine.

« Quand vous êtes conscient que la douceur de la grâce divine travaille en vous, et quand la prière œuvre dans votre cœur, alors vous devez y persévérer. Ne l'interrompez pas, ne vous levez pas pour chanter des psaumes aussi longtemps que Dieu juge bon de continuer son œuvre en vous, car agir ainsi

1. Calliste et Ignace Xanthopouloi, *Philocalie des Pères neptiques*, éd. Bellefontaine, 1979, p. 134.

serait quitter Dieu qui est au-dedans, pour l'invoquer au-dehors, comme si l'on devait laisser les
sommets pour descendre dans la plaine. Vous chas-
seriez la prière et priveriez l'intellect du silence au
moment exact où l'hésychia, d'après le sens même
du mot, réclame que l'intellect soit gardé dans la
paix et une tranquille quiétude.

« Dieu est paix, et il est étranger au bruit et à
l'agitation. Aussi, quand vous êtes plongé dans la
prière mentale, ne cédez pas à la tentation de laisser
entrer des représentations d'images ou de visions,
car les rêveries et mouvements tyranniques ne
cessent pas automatiquement quand l'esprit entre
dans le cœur et fait sa prière ; ce sont seulement ceux
qui résistent à ces pensées distrayantes et les vain-
quent, qui obtiennent la plénitude de la grâce du
Saint-Esprit, et ceux qui s'attachent à Jésus-Christ
d'un cœur ferme [1]... »

Nil suit la tradition inaugurée par Evagre dans
son ascèse pour obtenir l'hésychia, et suivie aussi par
les pères sinaïtes et les autres pères de la tradition
palestinienne, selon laquelle l'intellect, pour atteindre
la contemplation authentique, doit commencer par
se vider de toutes passions, qu'elles soient bonnes ou
mauvaises.

« Il doit tout spécialement s'efforcer de rendre son
intellect sourd et muet dans la prière, gardant son
cœur silencieux et libre de toute pensée, quelle
qu'elle soit, fût-ce même une bonne pensée [2]. »

---

1. Nil Sorsky, in *Spiritualité orientale*, n° 25, 1978, p. 144.
2. Cf. Evagre, *De Oratione* (11) P.G. 79 1169 c, I. Hausherr,
Les Leçons d'un contemplatif. Le traité d'oraison d'Evagre le Pontique,
Beauchesne, Paris, 1960.

d) La prière ininterrompue

Le plus grand « effet » de la prière du cœur, c'est
ce passage du « faire » à l'être : arrive un moment où
l'hésychaste ne fait plus de prière, il devient lui-
même prière. La prière est alors un état ininterrompu de silence, de paix et de communion avec
Dieu. L'invocation s'identifie aux battements de
cœur : « Lorsque l'Esprit établit sa demeure dans un
homme, celui-ci ne peut plus s'arrêter de prier, car
l'Esprit ne cesse de prier en lui. Qu'il dorme ou qu'il
veille, la prière ne se sépare pas de son âme. Tandis
qu'il boit, qu'il mange, qu'il est couché, qu'il se livre
au travail, le parfum de la prière s'exhale de son
âme. Désormais, il ne prie plus à des moments
déterminés, mais en tout temps. Les mouvements de
l'intelligence purifiée sont des voix muettes qui
chantent, dans le secret, une psalmodie à l'indicible [1]. »

Et le Pèlerin russe se fait l'écho d'Isaac de Ninive :
« Je m'habituai si bien à la prière du cœur que je la
pratiquais sans cesse et, à la fin, je sentis qu'elle se
faisait d'elle-même, sans aucune activité de ma part ;
elle jaillissait dans mon esprit et dans mon cœur non
seulement en état de veille, mais pendant le sommeil, et ne s'interrompait plus une seconde [2]. »

e) Les effets de la prière : la charité

L'entrée dans cet état ininterrompu de prière n'est
pas l'entrée dans un état « second ». Le cœur
s'identifiant de plus en plus, sous la motion de

1. *Philocalie*, Gouillard, p. 82.
2. *Récits du pèlerin russe*, p. 70-71.

l'Esprit, au cœur du Christ, devient capable d'un amour universel.

« Sous l'effet bienheureux de l'Esprit-Saint commencent à se répandre dans l'homme de prière un silence inaccoutumé, un engourdissement à l'égard du monde, de ses agitations, de ses péchés, de ses servitudes. Le chrétien se réconcilie avec tout et tous grâce à une méditation étrange, humble et hautement spirituelle à la fois, inaccessible dans l'état charnel et psychique. Il commence à ressentir de la sympathie pour l'humanité entière et pour chacun en particulier. Cette sympathie se transforme en amour [1]. »

Pour tout hésychaste, comme pour tout chrétien, le fruit de la prière, c'est l'amour, mais sans la prière on ne peut pas savoir ce que c'est vraiment que l'amour.

« Sans la prière, toutes les vertus sont comme des arbres sans terre ; la prière c'est la terre qui permet à toutes les vertus de croître... Le disciple du Christ doit vivre uniquement par le Christ. Quand il aimera à ce point-là le Christ, il aimera forcément aussi toutes les créatures de Dieu. Les hommes croient qu'il faut d'abord aimer les hommes et ensuite aimer Dieu. Moi aussi j'ai fait comme cela, mais cela ne sert de rien. Quand, au contraire, j'ai commencé d'aimer Dieu, dans cet amour de Dieu j'ai trouvé mon prochain. Et dans cet amour de Dieu, mes ennemis aussi sont devenus mes amis, des créatures divines [2]. »

« Quand l'homme reconnaît-il que son cœur a atteint la pureté ? Lorsqu'il considère . tous les

---

1. Ignace Briantchaninoff, in Simonod, p. 44.
2. Archimandrite Spiridon, *Mes missions en Sibérie*, éd. du Cerf, coll. Foi vivante, n° 91, Paris, p. 43-44.

hommes comme bons, sans qu'aucun lui apparaisse comme impur ou souillé. Alors, en vérité, il est pur de cœur [1]. »

Dans les états les plus sublimes de la prière, le « aie pitié de moi pécheur » rappelle à l'hésychaste qu'il ne se sauve pas seul, mais seulement dans la mesure où il devient une personne en communion, qui n'est plus séparée de rien. Celui qui invoque le Nom de l'Epoux devient « l'ami », il prie pour que tous soient unis à l'Epoux. Il ne parle de l'enfer que pour lui-même, par une infinie humilité : c'est l'histoire du cordonnier d'Alexandrie faisant la leçon à saint Antoine, en lui révélant qu'il prie pour que tous soient sauvés, lui seul méritant d'être perdu. C'est Syméon le Nouveau Théologien disant qu'il faut regarder tous ses compagnons comme saints et se tenir soi-même pour le seul pécheur « en disant qu'au jour du Jugement tous seront sauvés, moi seul serai retranché [2] ».

4. Conclusions

Après avoir étudié leur méthode de prière et ses effets, on peut dire que pour les hésychastes, l'être humain dans sa totalité et jusque dans sa structure et ses rythmes corporels est constitué pour devenir le Temple de l'Esprit. L'homme est créé pour être uni à Dieu dans tout son être — cœur, esprit, âme et corps, le cœur-esprit n'étant pas ici une faculté particulière mais ce centre où toutes les facultés s'unissent, où l'homme tout entier à la fois se rassemble et se dépasse, en somme l'inscription dans

1. Isaac le Syrien, *Sentences*, éd. Saint-Irénée, p. 17.
2. Chap. prat. et théol. CXXIII, *Philocalie grecque*, t. 3, p. 261.

toute la nature de l'homme de sa vocation de personne.

Un Occidental, marqué par une sorte de platonisme inconscient, a tendance à rapprocher l'Esprit de l'esprit, en méprisant le corps comme obstacle à une véritable « vie spirituelle ». En réalité, le Dieu Vivant transcende aussi radicalement l'intelligible que le sensible et quand il se donne, il transfigure tout autant l'un que l'autre.

Ce n'est que l'homme tout entier qui peut recevoir la grâce et non telle ou telle partie du composé humain : son imagination — son âme ou son corps pris séparément. De là les avertissements constants des maîtres de l'hésychasme contre les visions corporelles (seulement corporelles) ou imaginatives (seulement imaginatives !), les unes et les autres constituent dans une égale mesure des tentations du démon qui cherche à détruire l'unité de l'homme, cette unité que le Christ est venu rétablir, en lui accordant l'immortalité.

L'anthropologie de l'hésychasme est donc très biblique, c'est-à-dire très unitaire. Elle met l'accent sur les deux rythmes fondamentaux de notre existence psychosomatique, celui de la respiration et celui du cœur.

Le rythme respiratoire est le seul que nous puissions utiliser volontairement, non pour le maîtriser, mais pour l'offrir, il détermine notre temporalité, l'accélère ou la pacifie, la referme sur elle-même ou l'ouvre sur la Présence. Ce rythme du cœur ordonne l'espace-temps autour d'un centre dont toutes les traditions spirituelles savent qu'il est abyssal, qu'il peut s'ouvrir sur la transcendance.

Ces deux rythmes nous ont été donnés par le Créateur pour permettre à la vie divine de s'empa-

rer du tréfonds de notre être et d'envelopper, de
pénétrer de lumière toute notre existence.

Par ailleurs l'aspect méthodique de la prière n'est
ni méprisé ni idolâtré : « C'est sans doute le trait le
plus caractéristique de l'hésychasme et le legs le plus
précieux qu'il a fait au christianisme que cette
indissoluble union d'une technique ascétique corporelle et mentale d'une attitude et d'une rigueur
extrême dans ses exigences avec la haute affirmation
de la non-valeur foncière de toutes les techniques, de
tous les artifices dans le mystère de l'union de l'âme
à son Dieu [1]. »

Outre le présupposé biblique de son anthropologie, c'est le présupposé théologique de l'hésychasme
qui de nouveau apparaît ici : synergie harmonieuse
de la nature et de la grâce, de l'effort de l'homme et
du don gratuit de Dieu toujours transcendant dans
sa Proximité même.

---

1. Monseigneur Bloom, in *Etudes carmélitaines*, 1949.

IX

LA PRIÈRE
DE TOUS LES SENS

Faut-il, pour méditer et prier, se dégager de l'emprise des sens ?

La prière chrétienne est-elle un processus de désincarnation afin d'aller plus vite « pur esprit » vers celui qui est Pur Esprit ?

Jésus ne dit-il pas dans l'Evangile : « Dieu est Esprit et ceux qui adorent, c'est en esprit et vérité qu'ils doivent adorer » (Jn 4/24) ? Il convient néanmoins d'interroger le vocabulaire grec. Ce que nous traduisons par « esprit » dans le texte, est-ce le *noùs*, l'intellect ou le *pneuma*, le souffle divin ?

« ... *patri en pneumati kaî aletheia* » (dans le texte de la Vulgate : *in spiritu et veritate oportet adorare : spiritus*, et non pas *mens* ou *intellectus*).

Prier *en pneumati*, cela ne veut donc pas dire « mettre entre parenthèses l'usage de nos sens », fermer les portes de la perception, mais au contraire les ouvrir, introduire du pneuma, du souffle dans chacun d'eux pour qu'ils deviennent les organes de la connaissance de Dieu.

C'est ainsi d'ailleurs que l'ont compris les Pères de l'Eglise lorsqu'ils élaborèrent la doctrine des « sens spirituels » c'est-à-dire des sens spiritualisés, habités, animés par l'Esprit de Dieu, l'homme n'étant pas dans l'anthropologie chrétienne « le tombeau de l'âme » (cf. Platon), mais « le Temple de l'Esprit » (cf. saint Paul).

Origène, et à sa suite Grégoire de Nysse, Macaire, Diadoque de Photicé, Maxime le Confesseur, Syméon le Nouveau Théologien, proposeront toute une pédagogie des sens spirituels, en lien d'ailleurs avec la vie sacramentelle, car il s'agit toujours de s'élever du domaine sensible vers le royaume qui est « au-delà des sens », « aller de ces réalités qui passent vers la réalité qui ne passe pas ». Les sens ne sont pas détruits, mais transfigurés ; ils deviennent des sens divins, qui rendent l'homme de plus en plus « capax dei ».

« Un examen de la question fera dire, suivant le terme de l'Ecriture, qu'il existe une sorte de genre, un sens divin que le bienheureux trouve à présent, au dire de Salomon : " tu trouveras un sens divin ". Et ce sens comporte des espèces : la vue qui peut fixer les réalités supérieures aux corps, dont font partie les chérubins et les séraphins ; l'ouïe percevant des sons dont la réalité n'est pas dans l'air ; le goût pour savourer le pain descendu du ciel et donnant la vie au monde ; de même encore l'odorat, qui sent ces parfums dont parle Paul, qui se dit être " pour Dieu la bonne odeur du Christ ", le toucher grâce auquel Jean affirme avoir touché de ses mains " le Logos de Vie ". Ayant trouvé le sens divin, les bienheureux prophètes regardaient divinement, écoutaient divinement, goûtaient et sentaient de la même façon, pour ainsi dire d'un sens qui n'est pas sensible ; et ils touchaient le Logos par la foi, si bien qu'une émanation leur arrivant de loin pour les guérir. Ainsi voyaient-ils ce qu'ils écrivent avoir vu, entendaient-ils ce qu'ils disent avoir entendu, éprouvaient-ils des sensations du même ordre lorsqu'ils

mangeaient, comme ils le notèrent, le " rouleau "
d'un livre qui leur était donné » (Origène, C. cels I,
48).

Pour Origène encore, le Dieu qui habite une
« lumière inaccessible » peut être dit saisissable de
quelque manière par les sens et non seulement par le
cœur et l'intellect, parce qu'il s'est réellement
incarné en Jésus-Christ. Comme le dira Irénée :
« Jésus est le visible de l'invisible. » Dieu, nul ne l'a
jamais vu et ne le verra jamais. Dieu n'est saisissable, compréhensible que dans sa création ou son
« humanité ».

Le Christ devient l'objet de chaque sens de l'âme.
Il se nomme la vraie lumière pour illuminer les yeux
de l'âme ; le verbe pour être entendu, le pain pour
être goûté ; de même il est appelé huile d'onction et
nard pour que l'âme se délecte de l'odeur du Logos ;
il est devenu « le Verbe fait chair » palpable et
saisissable, pour que l'homme inférieur puisse saisir
le Verbe de Vie. Le même Verbe de Dieu est tout
cela (Lumière, Verbe, etc.) Il le devient dans une
oraison fervente et il ne permet pas qu'aucun des
sens spirituels soit dépourvu de grâces (Origène, in
Cant. II).

Méditer et prier dans tous les sens

Dans la prière, l'œuvre de l'Esprit, avant d'illuminer, est de guérir, de rendre à l'homme le bon usage
de ses sens afin qu'il puisse — en vérité — voir,
entendre, toucher, sentir, goûter « ce qui est » et
entrer dans la Présence de « Celui qui Est ».

L'exercice méditatif de tous les sens pourrait être
ainsi l'introduction à une oraison profonde.

Il s'agit de les considérer comme des alliés dans la

prière et non comme des ennemis ou des obstacles à la grâce.

Tout ce qu'on sait de Dieu, c'est toujours un homme qui le sait. Tout ce que l'homme sait de Dieu, il le sait dans son corps. Paul Evdokimov, à la suite de la tradition orthodoxe, parlera d'une « sensation de Dieu » indiquant la participation de tout l'être à la prière.

Dans l'étude contemporaine des processus de la mémoire on connaît mieux l'importance du corps. On ne se souvient que de ce que l'on a réellement éprouvé dans son corps. Se souvenir de Dieu dans la tradition ancienne n'est pas un simple acte de l'intelligence et du cœur, c'est garder en soi l'empreinte d'une présence. « Marche en ma présence et sois parfait », disait Dieu à Abraham.

Prier ce n'est pas penser à Dieu ; c'est entretenir la sensation d'une présence qui nous enveloppe et qui nous guide.

Bien sûr il ne s'agit pas de réduire cette présence à la sensation que nous pouvons en avoir (comme à la compréhension ou l'amour que nous pouvons en avoir).

La présence déborde de toute part notre appréhension, mais néanmoins « selon notre capacité » qui reste toujours à élargir, elle se communique réellement à nous.

L'essence de Dieu demeure inaccessible, c'est son énergie qui se communique à nos sens, pourrions-nous dire en reprenant les distinctions de Grégoire Palamas. Nous ne sommes pas au cœur du soleil, et pourtant chaque rayon de sa lumière c'est bien le soleil... Prier, c'est être nu et se laisser ensoleiller.

L'ascèse commence par une purification de tous les sens. Il s'agit de les accorder à la présence de l'incréé, de les rendre silencieux, sans les interprétations du mental, c'est-à-dire nus dans l'étreinte avec ce qui est.

Écouter

« Ecoute Israël... tu aimeras... »

Le premier commandement c'est « Ecoute ». Prier, en effet, ce n'est pas d'abord parler à Dieu, c'est plutôt se taire pour écouter. Et ce qu'on entend d'abord, ce n'est pas son infini silence, c'est le bruit de nos pensées, de nos représentations, des concepts que nous nous sommes forgés au long des siècles. Ecouter ce bruit, ces rumeurs, puériles ou grandioses, ces mots qui nous disent quand même quelque chose de Dieu. « Quelque Chose » justement ; or Dieu n'est pas « une chose qui cause » mais « quelqu'un » dont la présence résonne en nous et qui fait naître parfois le chant, parfois la parole prophétique. Echos puissants et incertains de cette Présence.

Ecouter... ouvrir l'oreille... On dit souvent qu'Israël est le peuple de l'Ecoute plutôt que celui de la vision (les Grecs) mais pourquoi privilégier un sens plutôt qu'un autre, prier avec un sens plutôt qu'avec un autre ? N'existe-t-il pas une écoute globale qui est attention globale à ce qui est...

Il est vrai que dans le désert il n'y a rien à voir. Les yeux s'appuient mal sur la lumière... mais il y a des chants de sable, des frémissements d'animaux et des voix dans le vent, des paroles en dedans... « Ecoute Israël. »

Le peuple qui porte la parole de Dieu est le peuple de l'Ecoute.

Prier c'est écouter.

Tendre l'oreille, et parfois résister au désir

d'entendre quelque chose, jusqu'à ce que le silence creuse en nous un plus haut désir. Comprendre alors que celui qui nous parle ne nous dira jamais un mot...

Ecouter nous tait de toutes parts et dans ce silence nous saisissons à quel point l'Autre est tout Autre et à quel point Il existe...

Voir

Le livre de Job se termine par ces paroles qui semblent indiquer une certaine supériorité de la vision sur l'écoute. L'écoute maintient la distance; dans le regard, la présence apparaît dans sa proximité.

«Je ne te connaissais que par ouï-dire, mais maintenant mes yeux t'ont vu.

« Ainsi je retire mes paroles, je me repens sur la poussière et sur la cendre » (Job 42/5).

Entendre quelqu'un ce n'est pas encore le voir; or le désir de l'homme c'est aussi le désir de voir et s'il s'agit de Dieu, le voir « tel qu'il est », comme le dit saint Jean, et non pas seulement tel qu'on peut l'imaginer, le penser, le représenter...

« Nous savons que lors de cette manifestation nous lui serons semblable, parce que nous le verrons tel qu'Il est » (I, Jn, 3/2).

Pour voir Dieu « tel qu'il est », l'œil tout comme l'oreille a besoin d'être purifié. Sinon il risque fort de ne voir qu'un mirage, une projection.

Notre regard est si souvent chargé de mémoire, de jugements, de comparaisons...

Qui une fois seulement aurait vu la rose saurait ce qu'est prier...

La rose ou un visage.

Là où les hommes voyaient une adultère ou une

pécheresse, Jésus voyait une femme; son regard ne s'arrêtait pas au masque ou à la grimace, il contemplait le visage.

Prier c'est contempler le visage de toutes choses, c'est-à-dire sa présence, son tutoiement fraternel qui en fait un signe de la tendresse de Dieu.

On est toujours beau dans le regard d'un homme qui prie; il n'est pas dupe de nos simagrées, mais il regarde plus loin, vers ce que nous sommes de meilleur. Il regarde Dieu.

Pour mieux prier, si nos yeux commençaient à voir ce qu'ils voient, si notre regard prenait le temps de se poser et de se reposer en ce qu'il voit, il découvrirait aussi que toutes choses nous regardent, que toutes choses prient.

Cesser de mettre des étiquettes.

Passer de l'observation à la contemplation, tel est le mouvement de la prière des yeux.

Saisir tout ce qu'il y a d'invisible, dans ce que l'on voit.

Aller vers ce point inaccessible où se rencontrent les regards.

Voir devient vision.

Vision devient union.

« Nous lui devenons semblable parce que nous le voyons tel qu'Il est. »

Toucher

Entendre, voir nous tiennent dans la proximité. Mais la présence ne se fait étreinte que par le toucher. C'est d'ailleurs la progression indiquée par saint Jean dans sa première Épître comme si l'usage de chaque sens manifestait un degré d'intimité particulier avec le Verbe de Vie :

Ce qui était dès le commencement
Ce que nous avons entendu
Ce que nous avons vu de nos yeux
Ce que nous avons contemplé
Ce que nos mains ont touché du Verbe de Vie
Car la vie s'est manifestée...
Nous en rendons témoignage (I, Jn, 1).

Ce que nous entendons, voyons, touchons, précise
saint Jean, c'est « ce qui est dès le commencement ».
Nous n'avons rien à ajouter, rien à inventer ; il s'agit
d'appliquer nos sens à ce qui est pour que « cela »
puisse se manifester.

Le toucher quelquefois fait peur comme s'il se
rapportait à une sensorialité plus épaisse que celle de
l'Écouter ou du Voir, plus rattaché à la matérialité,
à la pesanteur des choses.

Dans la prière, l'oreille devient capable d'entendre l'inaudible, l'œil de voir l'invisible. Ne rend-elle
pas aussi le Toucher capable de sentir l'impalpable,
l'espace dans la surface ? On se rappelle cette
expérience de Teilhard de Chardin serrant dans sa
main un morceau de métal ; ce fut sa première
« sensation de Dieu » ; un infini se rendit présent
dans cet infime morceau d'univers...

« Si vous saviez combien la peau est profonde »,
disait encore Paul Valéry. Oui, cela dépend comment on la touche... Il y a des personnes qui vous
touchent comme une écorce et d'autres qui vous
remuent jusqu'à la sève. Il y a des mains qui vous
aplatissent, vous chosifient, vous bestialisent et il y a
des mains qui vous apaisent, vous guérissent et
quelquefois même vous divinisent (cf. l'imposition
des mains, pour la guérison mais aussi pour la
communication de la grâce).

Les anciens parlent souvent de la prière des mains

à propos du travail, mais les mains ne prient-
elles que lorsqu'elles travaillent? Ne peuvent-elles
pas prier aussi lorsqu'elles caressent, c'est-à-dire
lorsque l'amour et le respect les habitent, les
« spiritualisent » ?

La prière du Toucher, c'est la prière d'un
corps qui ne s'agrippe pas, qui ne se referme pas
sur l'autre. Toucher Dieu ou se laisser toucher
par Lui, ce n'est pas se sentir écrasé, mais se
sentir enveloppé d'espace. Dieu jamais ne nous
étouffe.

La prière est une étreinte qui nous rend libres.

On ne prie pas avec les poings fermés, ni avec
des griffes, ni avec de la glu au bout des
doigts...

On ne peut prier que les mains ouvertes, les
paumes offertes « devant Toi, Seigneur ».

Goûter

A force de bien Entendre, de bien Voir et de
bien Toucher, la Présence s'est rendue plus fami-
lière. Le contact est établi. Pouvons-nous faire
encore un pas dans l'intimité? Le Psaume nous
y invite : « Goûtez combien le Seigneur est
bon ». Il s'agit de goûter et de savourer cette
Présence.

L'étymologie du mot sagesse *(sapientia, sapere)*
nous rappelle que le sage, c'est celui qui sait
goûter, celui qui « goûte » la saveur de l'Etre
dans ses formes les plus variées.

Prier, c'est avoir le goût de Dieu. « Qu'il me
baise des baisers de sa bouche », dit le premier
verset du Cantique des Cantiques et le commen-
taire du Zohar ajoute : « Lorsque le Saint —

bénit soit-il — révéla à Israël, sur le mont Sinaï, le Décalogue, chaque parole se divisa en soixante-dix sons ; et ces sons apparurent aux yeux d'Israël comme autant de lumières étincelantes. »

Israël vit aussi — de ses propres yeux — la Gloire de Dieu, ainsi qu'il est écrit : « Et tout le peuple vit les bruits » (Ex. XX, 18). L'Écriture ne dit pas « entendit », mais « vit » *(rô'îm)*. Ce bruit s'adressa à chacun des Israélites et lui demanda : « Veux-tu accepter la loi qui renferme tant de préceptes négatifs et de commandements ? »

L'Israélite répondit : « Oui ! » Alors le bruit baisa chaque Israélite à la bouche, ainsi qu'il est écrit : « Qu'il me baise des baisers de sa bouche ! » (II, 146 a).

Il ne suffit pas d' « entendre » le commandement de Dieu. Il faut encore le « voir » incarné dans la personne du Juste, puis enfin le « goûter », l'apprécier par soi-même, le manifester par sa vie.

Rabbi Isaac dit encore dans le Zohar (II, 124 b) : « Pourquoi l'Écriture ne dit-elle pas : qu'il m'aime au lieu de " qu'il me donne un baiser " ? » Par le baiser, les amis échangent leurs esprits (leurs souffles), et c'est pourquoi le baiser s'applique sur la bouche, source de l'esprit *(pneuma)*. Quand les esprits de deux amis se rencontrent par un baiser, bouche sur bouche, ces esprits ne se séparent plus l'un de l'autre. De là vient que la mort par un baiser est tant souhaitable, l'âme reçoit un baiser du Seigneur, et elle s'unit ainsi à l'Esprit-Saint pour ne plus s'en séparer.

Voilà pourquoi l'Assemblée d'Israël dit : « Qu'il me donne un baiser de sa bouche pour que notre esprit s'unisse au Sien et ne s'en sépare plus. »

Ce langage imagé peut nous irriter, mais si Dieu « parle aux hommes », pourquoi ne dirait-on pas aussi qu' « Il les embrasse » ? La tradition nous dit que Moïse serait mort d'un baiser de Dieu, indiquant par là, de façon symbolique, dans quel état d'union l'avait conduit sa prière.

Dieu, dans l'expérience d'oraison, n'est pas sans saveur, bien qu'aucune saveur, aucune comparaison ne puisse approcher la Réalité qu'Il Est. Les pères de l'Eglise — à la suite des rabbins — reprendront ce thème du goût dans la prière et du baiser mystique à propos de l'Eucharistie. Le Sacrement est le signe sensible d'une réalité invisible, comme le baiser de la mère à son enfant est le signe sensible de l'amour qu'elle lui porte. L'Eucharistie est le signe sensible de l'amour que Dieu a pour nous. Il se fait notre pain, notre vin ; Il veut être goûté, connu de l'intérieur.

On sait les répercussions dans le corps humain d'un baiser sur les lèvres et le frémissement intime qu'il peut réveiller. La prière savoureuse est une entrée dans la chambre nuptiale, mystère de l'Union du créé et de l'incréé. Dieu est alors expérimenté, dira saint Augustin, comme « tout Autre que moi-même et plus moi que moi-même ».

Sentir

Après l'étreinte, le corps de l'autre a laissé sur notre propre corps un peu de son parfum et on peut demeurer encore longtemps comme enveloppé de sa présence... De nouveau, c'est la métaphore amoureuse qui semble plus adéquate que la métaphore conceptuelle pour décrire le vécu de cette forme de prière : « Mon Bien-Aimé est pour moi un sachet de myrrhe qui repose entre mes seins » (Cant. I, 13).

Il n'y a pas de plus belle image, diront les rudes

ascètes du désert, pour décrire les plus hauts degrés de la prière du cœur. La Présence de Dieu nous imprègne alors au-dedans et au-dehors, et tous nos actes sont comme l'aura parfumée du Christ vivant en nous...

A propos du verset I, 12 du Cantique : « Tandis que le roi était dans son salon, mon nard a exhalé son parfum », le Zohar disait déjà : « Le roi désigne le Saint, béni soit-il » ; « dans notre salon » désigne l'homme attaché au Seigneur et marchant dans la bonne voie, homme dans lequel le Seigneur fixe sa résidence ; « mon nard a exhalé son parfum » désigne les bonnes œuvres de l'homme (I, 56 b).

L'odorat est peut-être notre sens le plus subtil, mais aussi celui que le monde contemporain semble craindre le plus si on en croit le succès des déodorants... (ou peut-être que le monde n'a plus la bonne odeur qu'il avait autrefois ?). Le parfum de quelqu'un, c'est un peu son secret, son « essence », et on dira d'une personne, de façon significative autant qu'irrationnelle : « je ne peux pas la sentir ».

Dans le domaine de la prière, les phénomènes de parfums, dits « surnaturels », ne sont pas rares. Que l'on pense à l'expérience que peuvent faire certains dans leur oraison à Notre-Dame-du-Laus ; la Vierge y manifeste sa présence par un parfum qui ne ressemble à aucun de ceux qu'on trouve dans les flacons coûteux de nos grands magasins.

Saint Séraphim de Sarov initie son ami Motovilov à la prière dans l'Esprit, par la présence non seulement d'une grande qualité de paix et de douceur, mais aussi par un parfum [1].

Par ailleurs, aucune tradition n'ignore le pouvoir

1. *Cf.* V. Lossky in *Théologie mystique de l'Église d'Orient*, p. 226-227.

de l'encens. Son rôle est véritablement de nous faire entrer dans un nouvel état de conscience, de nous éveiller à la beauté de la Présence. Alors on peut ne plus vouloir rien entendre, fermer les yeux, « respirer seulement », et dans chaque inspir, sentir se répandre dans tous nos membres la Présence même du Vivant.

Répandre son parfum symbolise également l'acte par lequel on se remet totalement à Dieu dans la prière. C'est l'acte d'amour par excellence ; qu'on songe à Marie Madeleine aux pieds de Jésus.

Quand nous disons avec le Psaume : « Que ma prière s'élève devant Toi comme l'encens », cela veut dire que nous nous en remettons à Dieu dans « notre essence, comme dans notre existence ». Tout lui appartient désormais, comme le grain d'encens appartient à la flamme.

La liturgie ou l'unification de tous les sens

On a trop lu saint Jean de la Croix pour ne pas se méfier des sensations dans la prière, que celles-ci soient auditives, visuelles, gustatives ou olfactives.

Prier, en effet, ce n'est pas rechercher des sensations. Ce n'est pas non plus s'y complaire, mais c'est les accueillir si elles arrivent, comme un don de Dieu.

Mais il convient de les utiliser avec discernement : des sens, comme de la raison, il existe une utilisation divine, naturelle ou démoniaque.

L'utilisation divine ou céleste, c'est l'utilisation que nous pouvons en faire dans la prière : les orienter vers Dieu et aller ainsi vers Lui de tout notre être.

L'utilisation naturelle ou terrestre, c'est l'utilisation que nous pouvons en faire dans la méditation, pour mieux entendre, voir, goûter, toucher, respirer « ce qui EST ».

L'utilisation infernale ou terrestre, c'est l'utilisation que nous pouvons en faire dans un narcissisme stérile et schizoïde qui nous coupe du Réel. On s'enferme alors (être en enfer = être enfermé) dans une suite décousue de sensations que l'on prend pour toute la réalité, absolutisation du relatif qui est de nouveau une forme d'idolâtrie.

La sensation peut être ainsi une icône, une image ou une idole :

— une icône lorsqu'elle nous met en présence de Dieu ; réalité visible qui nous conduit à la Réalité Invisible ;

— une image lorsqu'elle nous révèle la beauté de toute surface mais sans pénétrer dans sa profondeur ;

— une idole lorsque nous sommes « aliénés » à sa forme particulière et que nous sommes tentés de la prendre pour « l'unique réalité ».

La Liturgie dans la tradition ancienne, qui est le lieu de la prière commune, va être aussi le lieu de la purification et de l'unification de tous les sens. Cette Liturgie s'adresse, en effet, non seulement à l'intellect et au cœur, mais aussi à tous les sens :

— aux oreilles par les chants,

— aux yeux par les icônes et par les lumières,

— au toucher par la posture, les métanies (prostrations), le contact avec les icônes,

— au goût par l'Eucharistie,

— à l'odorat par l'encens.

Aucun sens ne doit être exclu de la louange. C'est l'homme tout entier qui doit entrer dans la Présence ; c'est le processus même de la Transfiguration. La Liturgie, c'est la prière de tous les sens rassemblés, comme « des brebis raisonnables », à l'appel du Vrai Berger. L'homme peut alors chanter, avec saint Augustin :

> *Tard je t'ai aimée*
> *Beauté ancienne et si nouvelle*
> *tard je t'ai aimée*
> ...
> *Tu étais au-dedans de moi*
> *et moi j'étais dehors...*
> *Tu étais avec moi*
> *et je n'étais pas avec toi...*
> ...
> *Tu m'as appelé, tu as crié,*
> *et tu as vaincu ma surdité.*
> *Tu as montré ta lumière*
> *et ta clarté a chassé ma cécité.*
> *Tu as répandu ton parfum*
> *je l'ai respiré*
> *et je soupire après toi.*
> *Je t'ai goûté,*
> *j'ai faim et soif de toi.*
> *Tu m'as touché,*
> *et je brûle du désir de ta paix.*

BIBLIOGRAPHIE

I. *Hésychasme-Christianisme*

Dictionnaire de spiritualité, éd. Beauchesne.
— *cor et cordis affectus*, t. II, Paris, 1953.
— *garde du cœur*, t. VI, Paris, 1967.
— hésychasme, t. VII, Paris, 1969.
— Jésus (prière à...), fasc. 56, Paris, 1974.
Dictionnaire de la Bible; Vigouroux, Paris, éd. Letouzey, 2ᵉ édition, 1912.
Supplément au Dictionnaire de la Bible. C. PINOT, Letouzey, art. *Nom de Jésus*.
Etudes carmélitaines 1949 : *Technique et contemplation.*
Revue *Contacts* : n° 78-79, 1972, *La Résurrection et l'homme d'aujourd'hui*; n° 84, 1973 : *Théologie de l'homme. Essais d'anthropologie orthodoxe.*

AVERINCEV Sergej : « Notion de l'homme et tradition littéraire à Byzance », *Studi medievale*, 3ᵉ série, XVIII, I, Spoleto, 1977.
BEHR-SIGEL : « La prière de Jésus », in *Dieu vivant*, n° 8, Seuil, Paris, 1948.
BLOOM Antoine : *Mère vivante*, éd. du Cerf, coll. « Foi vivante », Paris, 1907.
BOIS J. : « Les hésychastes avant le XIVᵉ siècle », in *Echos d'Orient*, t. V, p. 4 ss, 1961.
BORRELY : *L'Homme transfiguré*, éd. du Cerf, 1975.

Chariton : Higoumène de Valamo : *L'Art de la prière*, coll. Spiritualité orientale n° 18, éd. Bellefontaine, Begrolles, 1976.

Clément Olivier : *L'Essor du christianisme oriental*, P.U.F., 1964, coll. « Mythes et Religions ».

– *Byzance et le christianisme*, P.U.F. 1964, coll. « Mythes et Religions ».

– *Transfigurer le temps*, éd. Delachaux et Niestlé, Paris-Neuchâtel, 1959.

– *L'Eglise orthodoxe*, P.U.F., coll. « Que sais-je », n° 949.

– *La Révolte de l'Esprit*, Stock, 1979.

Deseille Placide : *L'Echelle de Jacob et la vision de Dieu*, éd. du Monastère de la Transfiguration, Aubazine, 1974.

Festugière : *Les Moines d'Orient*, éd. du Cerf, Paris, 1963.

Hausherr I. : in *Orientala christiana Analecta*, n° 9 : *La méthode d'oraison hésychaste*, éd. Pont. instit. orientalium Studiorum Roma, 1927 ; n° 132 : *Penthos — La doctrine de la componction dans L'Orient chrétien*, Rome, 1944 ; n° 144 : *La direction spirituelle en Orient*, Rome, 1950 ; n° 157 : *Noms du Christ et voies d'oraison*, 1960 ; n° 183 : *Etudes de spiritualité orientale*, 1969.

– *Solitude et vie contemplative d'après l'hésychasme*, éd. Belle-fontaine, coll. « Spiritualité orientale », 1962.

– *Les Leçons d'un contemplatif. Le traité d'oraison d'Evagre le Pontique*, Beauchesne, Paris, 1960.

Krivocheine : « Date du texte traditionnel de la prière de Jésus », in *Messager de l'exarcat du patriarcat de Moscou en Europe occidentale*, t. VII-VIII, 1951, p. 55-59.

Lafrance : *La Prière du cœur*, Lille, 1975.

Lossky V. : *Essai sur la théologie mystique de l'Eglise d'Orient*, Aubier, 1944.

Lot-Borodine : *La Doctrine de la déification dans l'Eglise grecque*, éd. du Cerf.

Louf, dom André : *Seigneur apprends-nous à prier*, éd. Foyers Notre-Dame, Bruxelles, 1972.

Mevendorff : *Saint Grégoire Palamas et la mystique ortho-doxe*, Seuil, Paris, 1959, coll. « Maîtres spirituels ».

Un moine de l'Eglise d'Orient : *La Prière de Jésus*, éd. Chevetogne, 1963.

Petite Philocalie de la prière du cœur, traduite et présentée par Jean Gouillard, Seuil, 1968.

Récits du Pèlerin russe, Seuil, Paris, 1966.

CASSIEN : *Conférences*, t. I, II, III. S.C., éd. du Cerf, Institution cénobitique — Cerf.

II. *Hindouisme*

BIARDEAU Madeleine : *Théorie de la connaissance et philosophie de la parole dans le brahmanisme classique*, Paris-La Haye, 1964.

CHANDOGYA UPANISHAD : trad. Senart, Les Belles Lettres, Paris, 1930.

DANIÉLOU A. : *Yoga, Méthode de réintégration*, L'Arche, Paris, 1973.

ELIADE : *Le Yoga — immortalité et liberté*, Payot, Paris, 1954.

EVOLA : *Le Yoga tantrique*, Fayard, Paris, 1971.

HERBERT Jean : *Spiritualité hindoue*, Albin Michel, Paris, 1972.

Mandukyopanishad avec les karikas de Gandoprada et les Commentaires de Cankaracarya, trad. M. Sauton, Adyar, 1952.

Mundaka Upanisad : trad. J. Maury, A. Maisonneuve, Paris, 1943.

PADOUX André : *Recherches sur le symbolique et l'énergie de la parole dans certains textes tantriques*, De Boccard, 1975.

RAMANA MAHARSI : *Enseignement*, Albin Michel, Paris, 1972.

RAMDAS Swâmi : *Entretiens de Hodeyah*, Albin Michel, 1957.

Carnet de pèlerinage, Albin Michel, 1973.

RENOU FILLIOZAT J. : *L'Inde classique*, t. I, Payot, 1947.

SIVANANDA SARASVATI (Sri Swâmi) : *La Pratique de la méditation*, Albin Michel, 1950.

Upanishads du Yoga : trad. J. Varenne, Gallimard, Paris, 1971.

III. *Islam-Dhikr*

Anawati G. et Gardet L. : *Mystique musulmane — Aspects et tendances — Expériences et techniques*, Vrin, Paris, 1961.
Chevalier Jean : *Le Soufisme et la tradition islamique*, éd. Metz, 1974.
Corbin H. : *L'Homme de lumière dans le soufisme iranien*, éd. Présence, 1971.
Gardet L. : Article *Dhikr* in Encyclopédie de l'Islam, Paris, 1960.
    « Un problème de mystique comparée », *Revue thomiste*, 1952, 1954.
    « Une technique soufie de la prière du cœur », in *Petite Philocalie*, Seuil, 1953.
Vitray-Meyerovitch Eva de : *Rumi et le Soufisme*, Seuil, coll. « Maîtres spirituels », 1977.
    Anthologie du soufisme, éd. Sindbad, Paris, 1978.

IV. *Bouddhisme*

Bija : article « Mantra » in *Encyclopaedia of Buddhism*, Government Press, Ceylan, 1971.
Eracle Jean : *La Doctrine bouddhique de la Terre Pure*, Dervy, Paris, 1973.
    « Le Nembutsu », *La Pensée bouddhique*, n° 5, 3, 12, 1974.
Govinda Lama Anagarika : *Les Fondements de la mystique tibétaine*, Albin Michel, Paris, 1960.
Honen : « Le serment en une feuille » in *Le Bouddhisme japonais*, Albin Michel, Paris, 1965.
Khempo Kaer Rimpoche : *La Voie du Diamant — Pratique du bouddhisme tibétain*, « Espaces », Paris, 1973.
Suzuki D. T. : *Essais sur le bouddhisme Zen*, Albin Michel, Paris, 1972.
De Lubac : *Amida*, Seuil, Paris, 1955.

V. *Divers*

BERGUER G. : *La Puissance du Nom*, communication au VIᵉ congrès international d'histoire des religions, Bruxelles 1935, reproduite dans *Archives de psychologie de la Suisse romande*, t. XXV, 1936.

BESNARD A. M. : *Le Mystère du Nom*, éd. du Cerf, Paris, 1962.

CANTEINS Jean : *Phonèmes et archétypes*, Maisonneuve et Larose, Paris, 1972.

GARDET L. : *La Mystique*, coll. « Que sais-je », P.U.F., nᵒ 694.

GUÉNON René : *Initiation et réalisation spirituelle*, Ed. traditionnelles, Paris, 1952.
Aperçus sur l'initiation, Ed. traditionnelles, Paris, 1953.
Symboles fondamentaux de la science sacrée, N.R.F., Paris, 1962.

LE SAUX Henri : *Eveil à soi — Eveil à Dieu*, Le Centurion, Paris, 1971.

PALLIS M. : *Le Mariage de la Sagesse et de la Méthode*, Ed. traditionnelles, 268-278, 1961.

VI. *Ouvrages récents*

BEHR-SIGEL Elisabeth : *Le Lieu du cœur*, éd. du Cerf, 1989.

BORRÉLY André : *L'Œcuménisme spirituel*, Labor et Fides, 1989.

CLÉMENT : *Orient Occident, deux passeurs : Vladimir Lossky et Paul Evdokimov*, Labor et Fides, 1988.

Philocalie des Pères neptiques : trad. J. Touraille, Bellefontaine, fasc. I-VIII.

GOETTMANN : *Prière de Jésus : prière du cœur*, Dervy, 1988.

NELLAS PANAYOTIS : *Le Vivant divinisé*, Paris, éd. du Cerf, 1989.

VLACHOS HIÉROTHÉE : *Entretiens avec un ermite de la sainte montagne sur la prière du cœur*, Seuil, 1988.

YANNARAS Christos : *La Foi vivante de l'Eglise*, éd. du Cerf, 1989.

TABLE

DU MÊME AUTEUR

Aux Éditions Albin Michel

L'Évangile de Thomas, 1986.
L'Évangile de Jean, 1989.
L'Absurde et la Grâce, 1991.
Paroles du mont Athos, 1992.
Jean Cassien. Introduction aux « Collations », 1992.
Évagre le Pontique. Introduction à « Praxis et Gnosis », 1992.
Jean Chrysostome. Introduction aux « Homélies sur l'incompréhensibilité de Dieu », 1993.
Grégoire de Nysse. Introduction à la « Vie de Moïse », 1993.
Prendre soin de l'Être. Les Thérapeutes selon Philon d'Alexandrie, 1993.
Manque et Plénitude. Éléments pour une mémoire de l'Essentiel, 1994.
Paroles de Jésus, 1994.
La Vie de Jésus racontée par un arbre, 1995.
L'Enracinement et l'Ouverture. Conférences de la Sainte-Baume, 1995.
Désert, déserts, 1996.
L'Évangile de Marie. Myriam de Magdala, 1997.
Les Livres des morts tibétain, égyptien et chrétien, 1997.
Sectes, Églises et religions. Éléments pour un discernement spirituel, 1998.
Introduction aux « vrais philosophes ». Les Pères grecs : un continent oublié de la pensée occidentale, 1998.
Paroles d'ermites, 2000.
La Montagne dans l'océan. Méditation et compassion dans le bouddhisme et le christianisme, 2000.
Un art de l'attention, 2002.
Une femme innombrable. Le roman de Marie-Madeleine, 2002.
L'Évangile de Thomas, calligraphies de Frank Lalou, coll. « Les Carnets du calligraphe », 2002.

EXTRAIT DU CATALOGUE

Spiritualités vivantes / poche

Espaces libres

Albin Michel Spiritualités / grand format

La Lettre, chemin de vie, d'Annick de Souzenelle.
Résonances bibliques, d'Annick de Souzenelle.
Les deux visages de Dieu. Une lecture agnostique du Credo, de Michel Théron.
Il n'y a pas d'avenir sans pardon, de Desmond Tutu.
Petit lexique des mots essentiels, d'Odon Vallet.
L'Évangile des païens. Une lecture laïque de l'Évangile de Luc, d'Odon Vallet.
Le Juif Jésus et le Shabbat, de Marie Vidal.

Célébrations

Célébration de l'Inespéré, de Didier Decoin et Éliane Gondinet.
Célébration de la Pauvreté, regards sur François d'Assise, de Xavier Emmanuelli et Michel Feuillet.
Célébration de la Paternité, de Sylvie Germain et Éliane Gondinet.
Célébration de la Rencontre, de Frédérique Hébrard et Paule Amblard.
Célébration de le Mère, regards sur Marie, de Colette Nys-Mazure et Éliane Gondinet-Wallstein.
Célébration de la Lumière, d'Émile Shoufani et Christine Pellistrandi.
Célébration de l'Offrande, de Michel Tournier et Christian Jamet.

Les Carnets du calligraphe

L'Évangile de Thomas, traduit par Jean-Yves Léloup, calligraphies de Frank Lalou.
Le Cantique des créatures, de saint François d'Assise, calligraphies de Frank Missant
Le Dieu des hirondelles. Poèmes de Victor Hugo présentés par Robert Sabatier, calligraphies de Claude Mediavilla.
Tous les désirs de l'âmes. Poèmes d'Arménie traduits par Godel, calligraphies de Achot Achot.
La Rose est sans pourquoi, de Angelus Silésius, préface de Christiane Singer, calligraphies de Vincent Geneslay.

« *Spiritualités vivantes* »
Collection fondée par Jean Herbert

au format de poche

DERNIERS TITRES PARUS

*La composition de ce livre
a été réalisée par l'Imprimerie Bussière,
l'impression et le brochage ont été effectués
sur presse Cameron
par Bussière Camedan Imprimeries,
à Saint-Amand-Montrond (Cher),
pour le compte des Éditions Albin Michel.*

Achevé d'imprimer en mars 2003.
N° d'édition : 21658. N° d'impression : 030967/1.
Dépôt légal : octobre 1999.

Imprimé en France